HEYNE <

Die Autoren

Jutta Fuezi ist eine bodenständige Engelbotschafterin, die Kurse und Beratungen anbietet, das Seminarzentrum »Engellicht« gegründet und seit der ersten Ausgabe bis Anfang 2010 als Autorin im *ENGELmagazin* mitgearbeitet hat. Sie war eine der Hauptvortragenden bei den Engeltagen in Wien und in Nürnberg. Sie ist Mutter einer erwachsenen Tochter und arbeitet im Hauptberuf in einer Sozialversicherung. Jutta Fuezi lebt in einem kleinen Ort im Burgenland.

Wulfing von Rohr ist Kulturforscher, Esoterikexperte, Autor und Koautor zahlreicher Bücher, Seminarleiter und Gründungs-Chefredakteur des *ENGELmagazins*. Er lebt derzeit in Rust am Neusiedler See südlich von Wien. Er ist Moderator und Sprecher bei internationalen Konferenzen und Empfänger des *Inspire Consciousness Award 2010*, einer internationalen Auszeichnung für Bewusstseinspioniere.

Bücher der Autoren im Heyne-Verlag:
Die Botschaft der Engelzahlen
Die Engelbotschaft deines Namens
Engel-Reiki
Engel machen Wünsche wahr

Im Ansata-Verlag:
Mein Engel-Jahrbuch

JUTTA FUEZI
WULFING VON ROHR

Engelrituale

So holen Sie die Kraft der
himmlischen Helfer in Ihr Leben

WILHELM HEYNE VERLAG
MÜNCHEN

Das vorliegende Buch ist sorgfältig erarbeitet worden.
Dennoch erfolgen alle Angaben ohne Gewähr.
Weder Autoren noch Verlag können für eventuelle Nachteile oder Schäden, die aus den im Buch gemachten praktischen Hinweisen resultieren, eine Haftung übernehmen.

MIX
Papier aus verantwortungsvollen Quellen
FSC® C014496

Verlagsgruppe Random House FSC® N001967
Das für dieses Buch verwendete
FSC®-zertifizierte Papier *Holmen Book Cream*
liefert Holmen Paper, Hallstavik, Schweden.

2. Auflage
Taschenbuchausgabe 01/2014

Die Originalausgabe erschien 2009 im Verlag Knaur MensSana.
 Printed in Germany 2014
Umschlaggestaltung: Guter Punkt, München
Umschlagmotiv: © artwork – Agentur Holl (Edward Tadiello)
Herstellung: Helga Schörnig
Satz: Leingärtner, Nabburg
Druck und Bindung: GGP Media GmbH, Pößneck
ISBN 978-3-453-70246-2

www.heyne.de

Für Victoria,
meine wunderbare Tochter,
mein größtes Geschenk!
Danke, dass ich dich in diesem Leben
als Mutter und Freundin begleiten darf.
In Liebe, Mum

Inhalt

Vorwort

In diesem Buch erzählen wir von der Kraft und Wirkung von Engelritualen. Für mich, Jutta, war dies »der« Einstieg in die Engel-Arbeit. So fließen in dieses Buch zahlreiche eigene Erfahrungen ein, und wir machen auf die positiven Reaktionen und hilfreichen Antworten aufmerksam, die Rituale auch in Ihrem Leben bewirken können. Es sind kleine Tatsachenberichte, die Sie zum Nachdenken, zum Ausprobieren und manchmal wohl auch zum stillen Lächeln anregen werden.

Ein lang gehegter Wunsch ist durch dieses Buch auf zunächst überraschende Art und Weise mit Unterstützung aller unserer Engel und Helfer aus dem geistigen Bereich in Erfüllung gegangen. Es ist immer ein besonderer Vorzug, sogar eine Gnade und Ehre, wenn man persönliche Engelkontakte auf diese Art und Weise weitergeben darf.

Zwei Worte stehen über diesem Buch. Sie haben uns überzeugt und tragen uns: »Der Zufall ist die Methode meines Engels, unauffällig ein Wunder zu tun« sowie »Ich glaube nicht an Engel, ich weiß, dass es sie gibt«. Das erste Zitat ist von Hildegunde Wöller, das zweite von Terry Lynn Taylor. Sie hat auch einmal mit einem Schmunzeln gefragt: »Warum können Engel fliegen?« Und ihre Antwort war: »Weil sie sich selbst leichtnehmen.«

Ein Buch über Engelrituale lebt neben Inspiration, Lebenshilfe und persönlichen Erfahrungen auch aus einem tiefen Wissen – dem Wissen um Rituale. Rituale rufen Traditionen wach. Sie stehen meist in einem religiösen oder spirituellen Zusammenhang und wollen etwas »Heiliges« bewirken. Daneben gibt es auch bedeutungsvolle weltliche Rituale, wie Siegerehrungen im Sport, die Parlamentseröffnung mit der Verlesung der Thronrede der britischen Königin, Militärparaden … Sogar das Händeschütteln in Europa, die angedeutete Verneigung im Osten und ähnliche Bräuche der »zeremoniellen Gestaltung« der Begegnung zwischen Menschen sind eine Art von Ritualen.

Die Kraft von Ritualen erwächst einerseits aus der tieferen Bedeutung der Handlungen, die einem bestimmten Sinn dienen. Andererseits bewirkt eine ständige Wiederholung – zum Beispiel die Eucharistiefeier in der Kirche oder die Wiederholung von Gebeten – auch eine quasi automatische Einstimmung auf ein besonderes Bewusstsein. Zur Kraft von Ritualen hat Joseph Campbell, der bedeutendste Mythenforscher des 20. Jahrhunderts, einmal gesagt:

»Ein Ritual ist eine Darstellung eines Mythos'. Indem du am Ritual teilnimmst, hast du Anteil am Mythos. Und da Mythen Projektionen aus der tiefen Weisheit der Psyche sind, gelangst du – indem du am Mythos, am Ritual teilhast – in Übereinstimmung mit dieser Weisheit. Es ist eine Weisheit, die ohnehin in dir liegt. Dein Bewusstsein wird an die Weisheit deines eigenen Lebens er-innert. Ich finde, dass Rituale enorm wichtig sind.«

In diesem Sinne wünschen wir Ihnen Freude und Erfüllung, Inspiration und durchaus auch Erfolg bei der Zusammenarbeit mit Ihren persönlichen Engeln, die Sie durch dieses Buch und jedes einzelne Ritual begleiten und führen.

1. Was sind Engelrituale?

Was sie sind, wie sie wirken

Eine unerschöpfliche Möglichkeit, um mit Engeln in Verbindung zu treten und Hilfe von ihnen zu empfangen, sind Rituale. Natürlich gibt es deren viele. Ich möchte Ihnen in diesem Buch vor allem solche Methoden vorstellen, die die meisten Menschen meiner Erfahrung nach irgendwann einmal (oder auch des Öfteren) gut gebrauchen und anwenden können – natürlich zu den verschiedensten Lebensthemen. Es sind einfache, jedoch wirksame Rituale, Übungen und Gebete: klar beschrieben und leicht auszuführen.

Der Begriff »Ritual« kommt vom lateinischen Wort *ritus*, mit dem ein »(Fest)brauch in Worten, Gesten und Handlungen« beziehungsweise »das Vorgehen … nach festgelegter Ordnung«, ein Zeremoniell beschrieben wird. So definiert es der Duden. Das Wort »Ritus« steht für einen kultischen Brauch, der sich aus der Tradition heraus gebildet hat.

Rituale geben uns im Allgemeinen ein bestimmtes Maß an Sicherheit, Regelmäßigkeit und Ruhe, aber sie vermitteln uns auch ein Wohlgefühl. Sie beziehen sich meistens auf etwas Vertrautes, was wir schon kennen. Deswegen schätzen wir sie so sehr. So gibt es beispielsweise ausgesprochene

»Ritualkinder«. Meine Tochter etwa war ein solches Kind: Sie konnte ohne ein bestimmtes, immer gleich ablaufendes Abendritual (mit Vorlesen, Beten und Kuscheln) nicht einschlafen.

Engelrituale haben eine sehr starke Wirkung, die man mit dem reinen Verstand nicht erklären kann – und doch spürt man schon bald recht deutlich, dass sie mit Hilfe der jeweiligen Engel sehr viel bewegen. Es entsteht hier nämlich eine starke Dynamik, die sich auch im Alltag auswirkt. Lassen Sie sich dabei bitte nicht davon täuschen, dass diese Rituale zum Teil sehr simpel anmuten, sie »funktionieren« dafür umso besser!

Gerade zu Beginn meiner spirituellen Arbeit haben mir »meine Einstiegsrituale«, die ich hier die »Fünf Grundrituale« nenne, sehr geholfen. Ich befand mich damals in einer schwierigen Lebensphase mit Umbruchs- und Befreiungsthemen. Ich spreche wirklich aus eigener Erfahrung, wenn ich hier von der realen Wirkung von Engelritualen berichte: Dank der Engelrituale konnte ich mich aus meiner damaligen Opferrolle befreien und aktiv daran arbeiten, mein Leben neu und anders »zu erschaffen«.

Die Engel mit Hilfe der Rituale bewusst in den Alltag, in jeden Moment des Tages einzubeziehen, sie also nicht auf ein Podest zu stellen und von fern anzubeten, sondern etwas »in die Hand zu bekommen«, womit man aktiv arbeiten kann – das ist die Faszination dieser »Arbeit«, die *immer* eine nützliche Wirkung zeigt und hilfreiche Antworten bringt. Gleich, was der kritische Verstand auch dagegen einzuwenden hat. Das mache ich Seite an Seite mit meinem Schutzengel Max (ich weiß, ein überraschend »normaler« Name, aber so heißt er nun mal), aber auch mit allen anderen

Engeln, deren Rat und Unterstützung ich gerade brauche, um durch die Höhen und Tiefen des Lebens zu gehen. Mit Hilfe von Engelritualen gibt es dann wieder neue Bewegung, und vieles ändert sich zum Positiven.

Die Rituale wirken tatsächlich immer, allerdings nicht immer gerade zu dem Zeitpunkt, wann ich es gern hätte, beziehungsweise mit dem Ergebnis, das ich mir erhoffe. Oft kommt eine Antwort auf eine Art und Weise oder aus einer Richtung, mit der ich nie gerechnet hätte, worauf ich nie gekommen wäre! Doch gerade das macht die Engelarbeit so interessant und spannend! Unsere Seele weiß sehr wohl um die Wirkung jedes einzelnen Engelrituals und lässt uns die nötige Unterstützung und den Rat an dem Ort und zu der Zeit zukommen, die angemessen sind. Man sollte die Kraft dieser Form von Lichtarbeit also auf keinen Fall unterschätzen, selbst wenn sich der Erfolg nicht auf den ersten Blick einstellt!

Basis für die Engelrituale ist immer die Liebe. Das gilt sicher für jede Form von Heilungs-, Bewusstseins- und Lichtarbeit. Liebe zu sich selbst, zu den eigenen Engeln und zu allen anderen Lebewesen in unserem näheren und weiteren Umfeld auf der ganzen Welt. Wenn Sie die Engel bewusst und liebevoll wahrnehmen und sich nach und nach diese Art von Zusammenarbeit mit ihnen entwickelt, werden Sie sehr bald ähnliche positive Folgen in Ihrem Leben spüren, wie auch ich sie verzeichnen konnte. Allmählich spürte ich wieder Urvertrauen, bekam Kontakt zu meinem inneren Kind und empfand eine bestimmte Leichtigkeit im Alltag. Je mehr ich mit den Ritualen arbeite, desto tiefer und inniger wird die Verbindung zu meinem Schutzengel, und umso mehr spüre ich seine liebevolle Anwesenheit und

Energie. Ich weiß mich und fühle mich immer umgeben von der lichten Engelenergie. Und das ist für Sie genauso gut möglich!

Es gibt auch einige Übungen in diesem Buch. Im Unterschied zu Ritualen sind dies eher Techniken, um sich weiterzuentwickeln und etwas, wie der Name schon sagt, durch ständig wiederholtes Üben positiv zu verändern. Das können »schlechte« Angewohnheiten, Unsicherheiten, Einschränkungen und dergleichen sein. Ich führe die Übungen natürlich auch mit Unterstützung der Engel aus. Dadurch wirken sie umso besser. Man sollte hier sozusagen »dranbleiben«, die Übungen konsequent anwenden und auch an den Themen selbst weiterarbeiten. Auf längere Sicht kann man so einiges hinter sich lassen und auflösen. Die Grenzen zwischen Übung und Ritual sind allerdings meist fließend.

Was man nicht tun sollte

Die Engel wollen nicht angebetet werden: Sie sind nicht Gott! Sie lieben es aber, wenn man mit ihnen Kontakt aufnimmt, sie um Hilfe und Unterstützung bittet, mit ihnen kommuniziert (gleich, auf welche Weise), wenn man sie schätzt und achtet und sie möglichst bewusst in sein persönliches Leben integriert.

Man kann die Engel nicht um Negatives bitten, nicht um Rache, um Ärger für andere, Bestrafung oder sonstige negative Folgen. Engel sind helle Lichtwesen, die nur für das Positive in uns und unserem Leben sowie die dementsprechende Unterstützung zuständig sind.

Die Engel erledigen nicht die Arbeit für uns. Wir müssen unseren Teil auf jeden Fall beitragen. Es ist eine Partnerschaft. Wenn Sie auf Ihre innerste Stimme hören, werden Sie instinktiv wissen, welchen Anteil Sie zu leisten haben, damit die Engel wirkliche Hilfe leisten können.

Unsere Engel reichen uns die Hand – ergreifen wir sie und nehmen wir ihre Hilfe, ihren Schutz und ihre Unterstützung dankbar an!

Allgemeine Hinweise für (fast) alle Rituale

Bevor man ein Ritual durchführt, sollte man sich einen geeigneten Platz suchen, sich setzen, zur Ruhe kommen, nach innen hören, eventuell eine Kerze anzünden und sich entspannen, loslassen, alles fließen lassen. Erst dann – wenn ich innerlich wirklich entspannt und ruhig bin – beginne ich mit dem Ritual.

Ich bitte alle zuständigen Engel um Hilfe und Unterstützung oder ersuche meinen Schutzengel, dass er alle Engel aktiviert, die ich für dieses Ritual brauche. Ich mache keine Wissenschaft daraus und brauche die jeweiligen Namen der Engelhierarchie auch nicht zu kennen. Ich bleibe in der Gefühlsebene. Erst dann beginne ich mit dem Ritual. Je einfacher und klarer, umso effektiver ist es. Und natürlich auch seine Wirkung.

Prinzipiell kann es nicht schaden, eine Kerze anzuzünden, bei einigen Ritualen ist sie sogar ein Bestandteil. Es muss keine Duftkerze sein. Mich persönlich stört beziehungsweise irritiert der Duft eher, das ist aber Geschmackssache. Es kommt natürlich auch nicht auf den Preis der Kerze an. Das Gleiche gilt für Hintergrundmusik. Ich verwende sie nur, wenn ich sie mag und sie für mich angenehm ist.

Bei einigen Ritualen ist es ideal, sie in der freien Natur oder im Garten durchzuführen, jedoch ist das nie die Grundbedingung – eine Terrasse oder ein kleiner Balkon reichen zumeist auch aus.

Bei einigen Ritualen arbeite ich ab und an mit der Visualisierung: Ich erschaffe mit meiner Vorstellungskraft ein möglichst wirklichkeitsgetreues Bild vor meinem geistigen Auge. Ich stelle mir also etwas sehr real, bunt und bildlich vor, spüre auch die Energie und wie sich das Ganze anfühlt.

Die Rituale sind in der Ichform geschrieben. Sie erscheint mir als die vertrauteste und liebevollste, um meine eigene praktische Arbeit und Erfahrung an Sie auf persönliche Weise weiterzugeben. Und sie wird Ihnen sicher auch helfen, bei den Ritualen immer zu wissen, dass es um Sie und um Ihre Engel geht. Das »Ich« steht also für Sie selbst!

Wenn ich fertig bin, bedanke ich mich bei den zuständigen Engeln für ihre liebevolle Hilfe und Unterstützung und beende das Ritual, indem ich die Kerze lösche (außer es wird ausdrücklich gewünscht, dass diese ganz ausbrennt, dann handelt es sich aber meist um eine rote Grabkerze, die nicht offen brennt).

Nun entspanne ich mich noch ein wenig und erwarte mit innerer Gelassenheit und ohne konkrete eigene und meist ja einengende Vorstellungen die Antwort meiner Engel.

So, jetzt sind alle nötigen Hinweise erfolgt, sodass Sie mit einem oder mehreren der fünf Grundrituale gut beginnen können.

2. Kraft und Sinn: Fünf Grundrituale

> Der Wunsch unseres Schutzengels, uns zu helfen, ist weit größer als unser Wunsch, uns von ihm helfen zu lassen.
>
> *Don Bosco*

Loslösung: Negatives abgeben und sich davon lösen

Die meisten Menschen haben es häufig mit Belastungen und Einschränkungen im Alltag zu tun, die sie bedrücken oder begrenzen. Stellen Sie sich Fragen wie »Brauche ich all diese einschränkenden Belastungen in meinem Alltag?«, »Brauche ich all die Ärgernisse, eine Krankheit, Ängste verschiedenster Arten?« und »Wie wichtig ist der Streit in Familie oder Beruf, die Auseinandersetzung mit meiner ›lieben‹ Kollegin?«. Wenn Sie merken, dass Sie Negatives abgeben möchten und sich davon ganz lösen wollen, dann entscheiden Sie: Fort damit! Aber wie? Sehr hilfreich ist das folgende Engelritual.

Loslösungsritual (1)

Ich mache die normale Ritualvorbereitung, suche mir also einen geeigneten Platz aus, entspanne, komme innerlich zur Ruhe und bitte die passenden Engel oder Loslösungsengel um Hilfe und Unterstützung. Eventuell zünde ich eine Kerze an.

Dann nehme ich einen Zettel und einen Stift zur Hand und schreibe alles auf, was mich belastet und was ich loswerden will, und zwar: »Ich lasse los: ...« (Ich schreibe das betreffende Thema auf.)

Falls noch ein Thema ansteht: »Ich lasse los: ...« (Nächstes Thema – und so weiter.)

Wenn alles aufgeschrieben ist, bitte ich die Engel um totale Loslösung von all diesen Belastungen und verbrenne den Zettel draußen in der Natur oder drinnen in einer feuerfesten Schale.

Ich bedanke mich bei allen Engeln, die mich bei diesem Ritual unterstützt haben.

Bei Bedarf kann ich dieses Ritual mit den gleichen oder anderen Themen wiederholen. Ich kann es in einer sehr belasteten Phase sogar täglich durchführen.

Dass die Vögel der Sorge und des Kummers über dein Haupt fliegen, kannst du nicht verhindern. Aber du kannst verhindern, dass sie Nester in deinem Haar bauen.

Chinesisches Sprichwort

Wunscherfüllung: Wünsche und Bitten an die Engel

Natürlich gibt es immer wieder etwas, was wir uns von Herzen wünschen: Gewicht abnehmen, Erfolg, Glück, den Traumpartner, Gesundheit, Harmonie und so weiter. Aber achten Sie auf Ihre Wünsche, denn sie könnten schon bald in Erfüllung gehen ...! Dabei hilft das Wunschritual.

Wunschritual

Ich ersuche die passenden sowie die Wunschengel um Hilfe und Unterstützung, zünde eine Kerze an, nehme ein Blatt Papier und einen Stift und schreibe alles auf, was ich mir von Herzen wünsche.

Wenn ich fertig bin, lese ich den Text dreimal laut vor, bitte die anwesenden Engel um Erfüllung all dessen und zerreiße das Papier in kleine Stücke. Diese übergebe ich fließendem Wasser (einem Bach beziehungsweise Fluss) oder spüle sie weg.

Ich bedanke mich bei allen Engeln für ihre Hilfe und beende das Ritual.

Jahreswechsel: Bewusst eine neue Zeitqualität einladen

Vor jedem Jahreswechsel können Sie gut eine Kombination der beiden ersten Grundrituale (Loslösung und Wunsch) durchführen. Was vom alten Jahr möchten Sie hinter sich lassen, was wollen Sie nicht in das neue Jahr mitnehmen, was erwarten Sie sich vom neuen Jahr? Welche Wünsche und Vorstellungen haben Sie an die nächsten zwölf Monate? Das Neujahrsritual (1) ist für mich von der spürbaren Engelenergie eines der stärksten Rituale.

Neujahrsritual (1)

Zwischen dem 25. und dem 30. Dezember bereite ich mich auf das Neujahrsritual vor, indem ich mindestens einmal in die Natur gehe und mir bewusst mache, was ich vom alten Jahr ablegen beziehungsweise im neuen Jahr verwirklichen will. Ich spüre alle vier Elemente (Erde, Luft, Wasser, Feuer) und nehme deren Energie mit. Sollte ich, aus welchem Grund auch immer, wirklich keinerlei Möglichkeit haben, an einem dieser Tage in die Natur zu gehen, kann ich mir auch einen schönen Platz vor meinem geistigen Auge vorstellen.

Ich bitte alle zuständigen Engel um Unterstützung, zünde eine Kerze an, nehme ein Blatt Papier sowie einen Stift und schreibe alles auf, was ich vom letzten Jahr loswerden und nicht in das neue mitnehmen will.

»Ich lasse los: …« (Alle Themen werden angeführt und dreimal laut gelesen.)

Ich bedanke mich beim alten Jahr für alles Positive und schließe es ab, indem ich das Papier verbrenne und die Engel um vollkommene Auflösung dieser Energien bitte.

Dann schreibe ich alle Wünsche, Träume, Ziele, Pläne und Vorhaben, deren Erfüllung ich mir vom neuen Jahr erwarte, ebenfalls auf ein Blatt Papier und ersuche meine Engel um Verwirklichung all dessen.

Nun zerreiße ich das Blatt in kleine Stücke und übergebe diese dem fließenden Wasser. Ich heiße das neue Jahr willkommen und freue mich auf alles Schöne, was es für mich bereithält.

Ich bedanke mich bei allen Engeln, die mich bei diesem Ritual unterstützt haben, und beende es, indem ich die Kerze lösche.

Was vergangen, kehrt nicht wieder.
Aber ging es leuchtend nieder,
leuchtet's lange noch zurück.
In der Abendröte Strahlen,
die dir deinen Himmel malen,
lächelt dir ein neues Glück.

Johann Wolfgang von Goethe

Erdung: Mich selbst wieder richtig spüren

Man muss nicht (so wie ich) vom astrologischen Programm her überwiegend »Luftanteile« haben, um phasenweise »davonzufliegen« oder in Träume zu flüchten. Das passiert uns allen immer wieder. Ab und zu wäre es daher nicht schlecht, uns bewusst wieder mit Mutter Erde zu verbinden. Dafür eignet sich das Erdungsritual, das man auch draußen in der Natur, im Garten oder auf dem Balkon machen kann.

Erdungsritual

Ich ersuche alle Erdungsengel um Hilfe und Unterstützung, zünde eine Kerze an und setze mich entspannt auf einen Sessel. Ich sitze aufrecht, schließe die Augen und stelle meine Füße nebeneinander fest auf.

Ich stelle mir vor, dass Wurzeln aus meinen Fußsohlen in den Boden wachsen. Ich fühle die Liebe und Wärme der Mutter Erde, mit der ich verbunden bin.

Es geht mir gut, und ich visualisiere, wie die Wurzeln immer stärker werden und tief in die Erde eindringen. Solange ich dieses angenehme Gefühl habe und mich wohlfühle in der warmen, gut riechenden Erde, verbleibe ich so. Ich spüre jetzt alles in mir, bin innerlich »rund« und zufrieden.

Und wenn ich dann das Gefühl habe, dass ich mich ausreichend aufgeladen habe mit der Erdenergie, öffne ich die Augen und beende das Ritual, indem ich die Kerze lösche und mich bei allen anwesenden Engeln und Mutter Erde für ihre Hilfe bedanke.

Mit den Füßen sehen:
Die Augen sitzen in der Fußsohle,
deren Haut Wasser atmet.
Der Geist ist nach unten geglitten,
tritt sanft auf grüne Wiesen und trinkt Nektar.
Mit jedem Schritt, jedem Abrollen,
zeichnen sich Geschichten ein, Berührungen ab,
tauschen sich Fuß und Erde aus,
erzählen einander Liebesgeschichten.

Cambra Maria Skadé

Liebe schicken: Engellicht für andere Menschen

Was können Sie tun, wenn Sie einen Menschen sehr lieben und er gerade nicht bei Ihnen ist? Wie kann ich meiner Tochter mental liebevolle Gedanken und Gefühle schicken, ohne sie anzurufen, ihr eine Mail oder eine SMS zu schicken, die sie während der Prüfung oder im Auto nur ablenken würde? Für solche Fälle schlage ich Ihnen das Liebe-schicken-Ritual vor.

Liebe-schicken-Ritual

Ich bitte die Liebesengel (eventuell auch den Erzengel Chamuel mit seinem rosafarbenen Lichtstrahl) um Hilfe und Unterstützung bei diesem Ritual.

Ich stelle mir den betreffenden Menschen bildlich vor (ich visualisiere ihn), wie er oder sie lacht, sich wohlfühlt und rundherum zufrieden und glücklich ist.

Ich packe in meiner Vorstellung alle positiven Gedanken, Gefühle und Worte, all meine Liebe, die ich empfinde, in ein Paket, das ich mit einem Geschenkband zubinde. Ich sende dem betreffenden Menschen das Paket zu und stelle mir vor, wie Licht, Liebe und goldene Engelenergie ihn einhüllen und umfließen.

Ich sage: »... (Name), ich schicke dir ganz viel Liebe, du sollst eingehüllt sein in Liebe.«

Ich beende das Ritual, indem ich mich bei allen Engeln für ihre Hilfe bedanke.

3. Engelrituale für das persönliche Leben

Partnerschaft: Chancen und Herausforderungen

In diesem Abschnitt geht es um typische Phasen in Partnerschaften. Zunächst muss man sich für eine (neue?) Beziehung öffnen, dann sich darum bemühen, sie aufzubauen und zu vertiefen. Und in vielen Fällen muss jedoch als erster Schritt eine alte Partnerschaft wirklich abgeschlossen sein, auch innerlich, nicht nur äußerlich.

Loslösung von einer alten Partnerschaft

Gebet, um eine Partnerschaft beenden zu können

Ich bitte dich, Engel des Abschieds: Hilf mir, … (Name des Partners) loszulassen, … (Name) und mir zu verzeihen und mich mit … (Name) und mir selbst zu versöhnen.

Ich bitte dich um Hilfe und Unterstützung, dass ich … (Name) verstehen, annehmen und unsere Verbindung vollkommen beenden kann. Ich danke dir von Herzen!

Meine erste große Liebe – lang, lang ist's her! Und man hätte meinen sollen, dass in dieser Beziehung alles an Energie und Verbindung schon längst vorbei wäre. Dennoch: Eines Tages spukte mir besagter Mann plötzlich wieder im Kopf herum, und ich wurde die Gedanken an ihn einfach nicht mehr los. Nachdem ich mich einige Zeit damit herumgeschlagen und darüber auch etwas geärgert hatte, ersuchte ich meine Vergangenheitsengel, mir zu helfen und, wenn möglich, eine Begegnung herbeizuführen, denn scheinbar war da noch etwas an Altlasten zu entsorgen.

Die Begegnung kam wirklich zustande – obwohl er schon lange weggezogen war und nicht mehr in meiner Stadt wohnte. Einige Tage später ging ich in die Fußgängerzone, um etwas zu besorgen, und da kam er mir tatsächlich entgegen, in voller Größe und mit seiner neuen Frau, die hochschwanger war. Wir tauschten einen kurzen Gruß und gingen beide weiter. Aber das reichte bereits aus.

Genau das war wichtig. Ich hatte ihn wiedergesehen und vom (geistigen) Podest geholt. Ich wusste nun, dass ich alles endgültig mit ihm abschließen konnte, was mich bis dahin, natürlich unterbewusst, noch an alten Restenergien mit ihm verband. Also machte ich damals zum ersten Mal das folgende Loslösungsritual. Es hat sich inzwischen vielfach bewährt, wie meine Kursteilnehmer immer wieder berichten.

Wenn Sie sich von einem Menschen, mit dem Sie wirklich nichts mehr verbindet, hundertprozentig trennen möchten, dann empfehle ich Ihnen, dieses Ritual durchzuführen und sich selbst auf die Probe zu stellen. Es kann sich dabei sowohl um eine noch bestehende Partnerschaft handeln als auch um eine aus der Vergangenheit, selbst wenn sie noch so lange zurückliegt.

Loslösungsritual (2)

Ich bitte alle zuständigen Engel um Hilfe und Unterstützung, zünde eine Kerze an, nehme ein DIN-A4-Blatt Papier und einen Stift zur Hand. Ich zeichne links den Körper des betreffenden Menschen und rechts meinen Körper (Strichmännchen reichen aus).

Dann schreibe ich den jeweiligen Namen unter den Körper, verbinde die beiden mit einer Linie und bitte den Erzengel Michael um die völlige Loslösung von diesem Menschen, um Trennung und Auflösung aller Verbindungen und alter Energien, damit wir beide unbelastet den eigenen Lebensweg weitergehen können.

Ich schneide das Papier durch (senkrecht zwischen den beiden Körpern), verbrenne die linke Papierhälfte und entsorge die rechte (mit meinem Körper).

Ich bedanke mich bei den Engeln und beende das Ritual, indem ich die Kerze lösche, den betreffenden Menschen in Liebe gehen lasse und ihm dabei die besten Wünsche auf seinen Weg mitgebe.

Sich öffnen für eine neue Partnerschaft

Sie wollen endlich Ihrem Traummann oder Ihrer Traumfrau begegnen und mit ihm respektive ihr eine wunderbare Partnerschaft aufbauen? Das haben Sie sicherlich mit vielen Singles gemeinsam. Für die meisten gibt es diesen ersehnten Lebenspartner tatsächlich, und er wartet (unbewusst) sogar schon darauf, Sie zu treffen. Warum klappt es dann nicht?

Sind Sie sich sicher, dass Sie wirklich offen und bereit für eine intensive und anspruchsvolle Beziehung mit allen Höhen und Tiefen sind? Und dann: Sind Sie schon so weit, wieder jemandem zu vertrauen, sich zu öffnen, die Liebe zuzulassen (ich rede hier nicht vom eher oberflächlichen Verliebtsein)? Haben Sie alte Verletzungen und Blockaden aus der letzten und überhaupt aus Ihren früheren Beziehungen bereits wirklich gelöst?

Wenn Sie das Gefühl haben, dass das alles der Fall ist (aber hören Sie genau in sich hinein!), dann sind Sie bereit für das Seelenpartnerritual.

Gebet, um sich für eine neue Partnerschaft zu öffnen

Ich bitte dich, Engel des Muts: Hilf mir, dass ich mich für eine neue Partnerschaft öffnen kann. Gib mir Offenheit und Zuversicht, Vertrauen und eine positive Ausstrahlung, um meinen neuen Partner zu finden und in Liebe anzunehmen.

Hilf mir, dass ich es zulasse, zum passenden Zeitpunkt am passenden Ort zu sein. Ich danke dir von Herzen!

Seelenpartnerritual

Ich bitte alle Liebesengel und zusätzlich noch den Erzengel Chamuel, mir zu helfen und mich bei diesem Ritual zu unterstützen, zünde eine Kerze an und nehme mir ein Blatt Papier sowie einen Stift.

Ich schreibe alles auf, was ich mir vom nächsten Partner erwarte: Aussehen, Charakter, Vorlieben, Hobbys, Prioritäten, Geschmack, Beruf. Was soll er mir bieten können, für mich tun, wie soll er mit mir umgehen, was mag ich besonders gern? Und so fort. Ich notiere alles an Vorstellungen und Wünschen, die ich an ihn habe, je detaillierter, umso besser.

Natürlich darf ich anschließend auch alles aufzählen, was ich meinem neuen Partner zu geben bereit bin, was ich ihm bieten kann, wie ich mich für ihn öffne.

Wenn ich das Gefühl habe, alles notiert zu haben, stecke ich das Papier in ein Kuvert, das ich noch schön verzieren kann, und lege es in die Partnerecke meines Schlafzimmers (von der Tür aus gesehen die rechte Ecke der gegenüberliegenden Wand, die ich noch liebevoll schmücken kann, zum Beispiel mit Darstellungen von zwei Delfinen, zwei Ringen (oder anderen Symbolen), Engeln, Blumen ...

Ich übergebe meinen Wunsch dem Erzengel Chamuel, bedanke mich bei ihm und beende das Ritual, indem ich die Kerze lösche und abwarte, was sich demnächst ereignet.

Eine Partnerschaft aufbauen und festigen

Gebet, um eine Partnerschaft aufzubauen und zu festigen

Ich bitte dich, Engel der Liebe: Hilf uns, dass wir unsere derzeitige Partnerschaft positiv und liebevoll Schritt für Schritt aufbauen und vertiefen können.

Hilf uns, achtsam, respektvoll und stark verbunden zu leben, und begleite diese Partnerschaft in die vollkommene Erfüllung und Harmonie – lass unsere Liebe stetig wachsen! Wir danken dir von Herzen!

So, mittlerweile haben wir unseren Partner an unserer Seite, und doch geht irgendwie nichts weiter. Die erste Verliebtheit ist vorbei, und es stellt sich Alltagsroutine ein. Aus irgendeinem Grunde tun wir uns beide schwer. Es besteht die Gefahr, dass es fade in der Beziehung wird, richtig langweilig. Das haben wir uns so aber nicht vorgestellt, nicht wahr?

Ich denke, nach der ersten Verliebtheit geht es fast überall in Richtung »Beziehungsarbeit«, und zwar für beide. Jetzt ist es an der Zeit, den anderen mit all seinen menschlichen Einschränkungen und Fehlern anzunehmen, alles auszusprechen, achtsam und aufmerksam zu sein, sich selbst dabei auch noch gut zu beobachten und so weiter – es ist eben *Arbeit*! Das freut uns natürlich nicht sehr, ist aber unumgänglich und notwendig, sofern wir weiter in einer intakten und liebevollen Partnerschaft leben wollen. Und wenn wir aktiv etwas tun möchten, dann gibt es als Möglichkeit dazu das Partnerschaftsritual, das man immer wieder je nach Anlass und Bedarf wiederholen kann.

Partnerschaftsritual

Ich brauche für dieses Ritual zwei Sessel oder Stühle, die ich Lehne an Lehne aufstelle, und ich mache mit meinem Partner aus, welches Thema jetzt wichtig ist und wer darüber zu reden beginnt.

Dann ersuche ich alle Partnerengel und unsere beiden Schutzengel um Hilfe und Unterstützung, zünde eine Kerze an und setze mich auf den einen Sessel, während sich mein Partner auf dem anderen niederlässt.

Wie zuvor vereinbart, beginnt der Betreffende mit dem Gespräch. Wir hören uns sehr aufmerksam zu, lassen den Partner immer aussprechen, bemühen uns, nicht emotional und unsachlich zu reagieren, und vermitteln Ichbotschaften (»**Ich** meine …«, »**Ich** hätte gern …«, »**Ich** wünsche mir …«). Ichbotschaften dienen dazu zu vermitteln, wie ich das Verhalten meines Partners subjektiv sehe. So will ich meine Meinung nicht als »unumstößliche« Tatsache projizieren und vermeiden, dass sich mein Partner angegriffen fühlt.

Wir kommen vielleicht vom ersten Thema zum nächsten, aber das macht nichts. Wenn jedoch einer von uns das Gefühl hat, es sei alles gesagt und genug, dann sollte der andere das auch akzeptieren.

Das Ritual beenden wir in Liebe und Harmonie – keineswegs, indem wir etwas zudecken oder nicht aussprechen, sondern indem wir (bei Uneinigkeit) die Meinung des anderen akzeptieren, so stehenlassen und die weitere Arbeit auf einen anderen Zeitpunkt vertagen.

Wir löschen die Kerze und bedanken uns bei allen Engeln, die dabei waren.

Gesundheit: Körper, Geist und Seele heilen und stärken

Die Aura schützen

Jeder Mensch hat wie alle belebten oder scheinbar unbelebten Wesen eine Aura, ein feinenergetisches Feld, das den Körper umgibt und möglichst hell sein sollte, das heißt »positiv«, damit wir uns wohlfühlen und auf allen drei Ebenen – der körperlichen, der geistigen und der seelischen – gesund sein können. Der Zustand dieses feinstofflichen Felds bestimmt auch die Qualität unserer physischen Funktionen.

Täglich erreichen viele Fremdenergien unsere Aura, vor allem durch andere Menschen. Sicher haben Sie schon von sogenannten Energieräubern gehört oder gelesen. Jemand sitzt neben uns, zapft uns unbewusst Energie ab, und wir wissen gar nicht, warum wir so müde sind. Oder es gibt extrem negative Zeitgenossen, die uns zumindest halbbewusst permanent schwächen. Natürlich trägt auch die Medienüberflutung, der wir täglich ausgesetzt sind, ihren Teil zur Belastung unseres energetischen Felds bei.

Das alles sollten Gründe genug sein, um unsere Aura zu schützen, uns also feinstofflich einen Schutz zu geben, damit wir nicht alles auffangen, was in unserem Umfeld an Belastungen und Negativenergien existiert.

Ich schütze mich aktiv mit Gebeten beziehungsweise Schutzritualen, die ich täglich in der Früh einmal laut oder leise spreche. Das reicht im Normalfall für einen Tag aus. Wenn ich jedoch einen schwierigen Termin vor mir habe, eine anstrengende Aufgabe oder mit belastenden Menschen auf engstem Raum zusammen bin, dann kann ich den Gebetsschutz auch bei Bedarf wiederholen.

Kristallschutz

Wall aus Kristall,
allüberall,
schließe mich ein –
lass nur Gottes Licht und Segen herein.

Ich spreche laut, leise oder im Geiste eins oder mehrere der folgenden Gebete.

Erzengel-Michael-Schutz

Ich ersuche den Erzengel Michael, heute neben und hinter mir zu stehen, mir zu helfen und seinen Schild beschützend über mich zu halten, und danke ihm von Herzen dafür.

Lichtschutz

Mich umgibt weißes und goldenes Licht.
Und ich tanze und bade darin,
denn niemand kommt an mich heran mit seinen
negativen Gedanken, Worten und Berührungen.

Schutz der Seelenfamilie (Monade)

Ich bitte meine Monade,
den goldenen Christusstrahl
für meinen vollkommenen Schutz aufzurufen.
(Ich spreche dieses Gebet dreimal hintereinander.)

Natürlich gibt es noch viele andere Methoden, sich gut zu schützen. Sei es mit dem Pentagrammschutz, mit Reiki-Energie, mit einer Lichtwand der Engel und so fort. Jeder wird das Richtige für sich selbst finden und anwenden.

Selbstliebe

Früher, da war ich unerfahren
und bescheidner als heute,
hatten meine höchste Achtung
andre Leute.
Später traf ich auf der Wiese
außer mir noch andre Kälber,
und nun schätz ich, sozusagen,
erst mich selber.

Wilhelm Busch

Ein wahres Wort – aber wie schaut es bei mir mit der Eigenliebe aus? Mag ich mich wirklich? Und was bin ich mir wert? Habe ich genügend Freiraum für mich selbst? Fließt meine Herzenergie? Habe ich etwas, wo ich sie leben kann – ein Hobby oder etwas anderes –, was nur mir gehört? Ich beantworte diese Fragen für mich ganz ehrlich, und wenn ich feststelle, dass ich im Alltag überwiegend nur »funktioniere«, unterbreche ich diese festgefahrene Routine mit der Spiegelarbeit (1).

Spiegelarbeit (1)

In der Früh nach dem Aufstehen bitte ich alle zuständigen Engel, mir beim Aufbau meiner Eigenliebe zu helfen, und schaue mich dabei im Spiegel an.

Ich sage zu meinem Spiegelbild: »Ich liebe dich, ich liebe dich von ganzem Herzen!« Das mache ich mit viel Gefühl, und ich meine auch, was ich da ausspreche, genau so, wie ich es sage!

Im Laufe des Tages, jedes Mal, wenn ich mich im Spiegel sehe oder an einem Spiegel vorbeikomme (es geht auch mit Glasscheiben von Autos, Schaufenstern und so weiter), schaue ich mich bewusst an und sage: »Ich liebe dich, ich liebe dich von ganzem Herzen!«

Ich spüre dem Klang meiner Stimme und diesem Satz nach und nehme die Schwingung in mein Herz auf. Falls der Kopf dagegen Einwände erhebt und mein angeschlagenes Selbstbewusstsein wieder die Oberhand gewinnt, sage ich: »Ich liebe dich trotzdem (gleich, wie ich gerade ausschaue, mich jetzt fühle, welche Lebenssituation ich derzeit habe, und auch bei Rückschlägen und Enttäuschungen).«

Auch jetzt spüre ich wieder dem Klang nach und fühle, was der Satz in mir auslöst. Am Abend bedanke ich mich bei allen Helfern, die mich bei der Übung unterstützt haben.

Das mache ich täglich, und zwar so oft wie möglich. Nach und nach entwickelt sich dann die Eigenliebe – meist eben in kleinen, aber bleibenden Schritten!

~

Die Verbindung mit dem Schutzengel stärken

Die Engel warten darauf, dass wir sie um Hilfe bitten – sie freuen sich sehr darüber, wenn wir ihnen vertrauen und sie uns noch mehr Unterstützung geben dürfen. Und da sie uns ständig helfen, sollten wir uns bei ihnen für alles Positive und ihre Liebe bedanken; übrigens auch am Ende bei jedem Ritual.

Natürlich gibt es unseren persönlichen Schutzengel, der uns durch dieses Leben begleitet und immer an unserer Seite ist. Er freut sich sehr, wenn wir ihm einen Namen geben und ihn mit diesem auch ansprechen. Die Verbindung wird dadurch noch persönlicher und enger, und er hat dann noch mehr Möglichkeiten, uns unter die Arme zu greifen. Mein Schutzengel heißt wie gesagt Max, und wenn Sie Ihren ständigen Begleiter auch vertrauter ansprechen wollen, dann machen Sie doch das Namenritual, das Sie auch durchführen können, wenn Sie einen Namen für das eigene Baby suchen.

Namenritual

Ich bitte meinen Schutzengel und alle Namenengel, die ich brauche, um Hilfe und Unterstützung. Ich suche mir einen Platz, an dem ich mich sehr wohlfühle, egal, ob zu Hause, in einer Kirche, in der Natur. Ich setze oder lege mich hin und schließe die Augen.

Ich stelle mir meinen Schutzengel vor und spreche mit ihm (er nimmt immer die Gestalt an, die wir uns vorstellen!). Er ist von Licht umflutet und strahlt eine sehr liebevolle und helle Energie aus.

Ich spüre ihn neben mir und bitte ihn nun, mir seinen Namen zu zeigen, mit dem ich ihn in Zukunft ansprechen kann.

In den folgenden sieben Tagen gehe ich mit offenen Augen und Ohren durch meinen Alltag und vertraue darauf, dass mir mein Schutzengel einen klaren Hinweis gibt, sodass ich seinen Namen lese, höre oder er ihn mir in einer anderen Form zeigt.

Wenn ich den Namen dann erfahren habe, beende ich das Ritual, indem ich mich bei allen Helfern herzlich für ihre Hilfe und Unterstützung bedanke und meinen Schutzengel das erste Mal mit seinem Namen anspreche.

Und all das Geld und all das Gut
gewährt zwar viele Sachen;
Gesundheit, Schlaf und guten Mut
kann's aber doch nicht machen.
Gott gebe mir nur jeden Tag,
so viel ich darf, zum Leben.
Er gibt's dem Sperling auf dem Dach;
wie sollt' er's mir nicht geben.

Matthias Claudius

Das Haus schützen

Ich habe Ihnen bereits erzählt, wie ich meine Aura täglich vor energetischen Verunreinigungen schütze. Wenn in Ihrem Heim immer wieder die gleichen Krankheiten auftreten, Sie sich nicht wohlfühlen oder phasenweise sogar Angst in Ihrem Heim empfinden, dann gibt es eine schöne und einfache Möglichkeit, mit einer Übung Ihr Heim und das Haus als Ganzes zu schützen: die Hausschutzübung.

Hausschutzübung

Ich bitte alle Engel, die ich für diese Übung brauche, mir dabei zu helfen. Ich gehe rund ums Haus (das Einfamilienhaus oder den Wohnblock, in dem sich meine Wohnung befindet) und zeichne symbolisch mit der rechten Hand ein großes Kreuz bis in die Erde hinein und visualisiere es.

Ich zeichne in meiner Vorstellung zwei bis drei oder mehr solcher Kreuze auf jede Hausmauer – je nach Größe und Breite der Fläche. Das mache ich einmal wöchentlich über drei Wochen hinweg.

Inzwischen besorge ich mir fünf kleine Metallkreuze oder bastle selbst welche. Diese besprenge ich mit Weihwasser (Wasser von Lourdes oder von anderen Wallfahrtsorten, aus Heilquellen beziehungsweise von Kraftorten passt auch). Und ich sage dazu: »Ich segne dich im Namen des Vaters, des Sohnes und des Heiligen Geistes.« Die fünf Kreuze vergrabe ich dann rund ums Haus.

Anschließend bedanke ich mich ganz herzlich bei allen helfenden Engeln und beobachte, wie es den Bewohnern des Hauses in den nächsten Wochen geht.

Nehmen wir an, dass Sie sich in Ihrem Haus beziehungsweise in Ihrer Wohnung eigentlich ziemlich gut fühlen, aber eben doch nicht ganz. Sie spüren Energien, die andere Menschen hereingebracht haben, als diese sich nicht wohlfühlten oder als Ängste und Krankheiten sie einschränkten. Einiges von dieser Energie blieb in Ihrem Heim sozusagen hängen, und Sie möchten nun, dass alles um Sie herum klar und voller Licht ist. Eine Möglichkeit für solch eine »Zwischendurchreinigung« ist das Räucherritual.

Räucherritual

Ich brauche für dieses Ritual Räucherstäbchen oder eine Räucherschale, die ich mit Räucherwerk fülle, das mir als passend erscheint. Es wäre sehr hilfreich, wenn Weihrauch dabei wäre.

Bevor ich beginne, öffne ich in jedem Raum ein Fenster; dann bitte ich alle Engel der Reinigung um Hilfe und Unterstützung.

Nun zünde ich das Räucherstäbchen beziehungsweise den Inhalt der Räucherschale an und gehe im Haus von oben nach unten hindurch, von Raum zu Raum – in der Wohnung vom letzten Raum zur Eingangstür.

Für jeden Raum nehme ich mir ausreichend Zeit, um alle Engel um die totale Reinigung für diesen Raum zu bitten und ihn »auszuräuchern«. Dabei stelle ich mir vor, dass die dunkle Energie wie in Rauchschwaden zum offenen Fenster hinausströmt und der Raum nach und nach mit weißer und vollkommen klarer Energie gefüllt wird. Das führe ich in jedem Raum durch.

Wenn ich damit fertig bin, stelle ich mich vor das Haus (vor den Wohnblock) und ersuche alle Engel um den Schutz für dieses Haus und stelle mir vor, wie eine Lichtglocke das gesamte Gebäude umhüllt und förmlich strahlt.

Ich beende das Ritual, indem ich mich bei meinen Engeln bedanke und das Räucherstäbchen beziehungsweise das Rauchwerk vollkommen ausbrennen lasse.

Schutz für das »innere Heim«

Wir haben selbstverständlich nicht nur ein äußeres Heim, sondern auch in uns ein Zuhause, unsere Seele. Wenn Sie sich wieder einmal so richtig spüren möchten – bis tief in Ihr Herz, in Ihre Seele hinein –, dann sollten Sie auch alle Gefühle zulassen, die Sie sonst oft zudecken oder einsperren. Wenn ich eine Phase habe, in der ich meine Gefühle nicht leben kann, mich emotional eingeschränkt fühle, dann passt für mich sehr gut das Gefühleritual. Es ist ein sehr intensives Ritual. Nehmen Sie sich bitte genug Zeit dafür und wiederholen Sie es bei Bedarf vielleicht eine Woche später. Dann können Sie eine längere Pause machen, denn das Ritual wirkt über einen längeren Zeitraum.

Gefühleritual

Ich brauche für dieses Ritual eine rote, eine rosa und eine weiße Kerze, gleich, in welcher Größe und Form. Es können auch verschiedene Kerzenarten sein.

Ich bitte die Erzengel Gabriel, Chamuel und Uriel, mich bei diesem Ritual zu unterstützen, und stelle mir vor, dass weißes Licht zu meinem Herzen fließt.

Ich zünde die weiße Kerze an und spreche: »Gabriel, bring bitte wieder alle Gefühle zu mir zurück und lass sie mich spüren.«

Ich zünde die rosa Kerze an, spüre das weiße und rosa Licht fließen und spreche: »Chamuel, bitte öffne mein Herz für alle Gefühle, die ich brauche.«

Ich zünde die rote Kerze an, spüre das weiße, rosa und rote Licht fließen und spreche: »Uriel, bitte lass alle Gefühle mein Herz umfließen und mich Liebe und Licht spüren.«

Ich schließe die Augen und spüre alle drei Engelenergien – ich fühle mich wohl, bin glücklich und kann wieder lachen und weinen. Ich spüre mich wieder.

Ich öffne die Augen und beende das Ritual, indem ich mich bei den drei Erzengeln bedanke und die Kerzen lösche.

Arbeit: Erfolg und Erfüllung

Sich vor Mobbing schützen

Neid, Missgunst, Abneigung und Intrigen: Das sind Themen, mit denen sich viele sicher schon öfter haben auseinandersetzen müssen. Wie gehe ich damit um, und wie wehre ich mich dagegen? Und wie schaffe ich es, bei Menschen, die sich mir gegenüber so verhalten, in die Nächstenliebe oder Vergebung zu gehen?

Wenn ich das Gefühl habe, dass jemand mir nur negativ gegenübersteht und mich denunziert oder schlechtmacht (vor allem verbal hinter meinem Rücken, das kann an der Arbeitsstelle ja bis zum Mobbing gehen, wie wir wissen), und ich mir sonst nicht mehr zu helfen weiß und unter der Situation leide, dann passt sehr gut das Spiegelritual.

Spiegelritual

Ich bitte zunächst alle zuständigen Engel um Hilfe und Unterstützung für dieses Ritual. Dann nehme ich einen kleinen

Spiegel zur Hand, zünde eine Kerze an und stelle mir die betreffende Person möglichst real und bildlich vor.

Ich konzentriere mich auf dieses Bild, halte den Spiegel in diese Richtung und schicke alle Energien in jeder Form an diese Person zurück.

Wenn ich das Gefühl habe, alles Belastende ist an den Absender zurückgegangen, schicke ich einen Engel mit ganz viel Licht und Liebe zu ihm und hülle ihn in diese liebevolle Energie ein. Auch das stelle ich mir sehr bildlich vor beziehungsweise visualisiere es.

Dann bedanke ich mich bei allen Engeln, die mir geholfen haben, und beende das Ritual, indem ich die Kerze lösche.

Ich wiederhole das Spiegelritual an zwei aufeinanderfolgenden Tagen. Zugleich arbeite ich an mir, bis ich diesem Menschen mit echter Liebe und aufrichtigem Verzeihen begegnen kann.

Etwas Neues angehen oder besser vorankommen

Ich will etwas völlig Neues in meinem Leben verwirklichen: eine Idee, einen Plan, einen Traum, eine Aufgabe, ein Ziel, einen Wunsch. Im Moment erscheint mir das noch als eine Illusion, aber wenn ich auf mein Gefühl höre, in mich hineinhorche, spüre ich, dass es ein absoluter Herzenswunsch ist, den ich mir erfüllen möchte. Aber wie und wo soll ich anfangen? Wie wäre es mit dem Schritteritual?

Schritteritual

Ich bitte alle Engel um Hilfe und Unterstützung, die ich für dieses Ritual brauche, auch den Traumengel. Ich stelle mir die Erfüllung meines Wunsches sehr bildlich vor, visualisiere ihn und schreibe dann die einzelnen Stufen zu seiner Verwirklichung auf.

Jeder Schritt wird auf einem extra DIN-A4- oder noch größeren Blatt Papier notiert.

Ich zünde eine Kerze an und lege die Zettel der Reihe nach auf den Boden (vom ersten bis zum letzten Schritt).

Dann steige ich auf das Blatt mit dem ersten Schritt und spüre das Thema; das mache ich mit jedem Blatt so, bis ich beim letzten ankomme, dem Ziel beziehungsweise der Erfüllung. Dabei nehme ich mir ausreichend Zeit und konzentriere mich auf meine Gefühle.

Beim letzten Blatt, der Erfüllung, stelle ich mir das Ziel so bunt und real wie nur möglich vor und freue mich auf alles Positive, das sich in meiner Zukunft erfüllen wird.

Ich bin nun voll und ganz davon überzeugt, dass ich diesen Plan verwirklichen kann, bedanke mich bei meinen Engeln und beende das Ritual, indem ich die Kerze lösche.

Wenn Sie im Beruf das Gefühl haben, dass es nicht so gut für Sie läuft, Sie zu wenig verdienen, für Ihre Leistung zu wenig gewürdigt werden, nicht die optimale Beschäftigung haben oder eigentlich gar nicht am richtigen Platz sitzen, dann hilft das Flaschenritual.

Flaschenritual

Für dieses Ritual brauche ich eine kleine Glasflasche, die ich mit Wasser fülle und verschließe. Ich ersuche alle Engel um Hilfe und Unterstützung und schreibe auf einem Blatt Papier detailliert auf, was ich mir für die nahe Zukunft an Veränderungen und Verbesserungen im Arbeits- und finanziellen Bereich wünsche. Anschließend stelle ich die Flasche auf den Zettel. Ich kann auch noch ein Engelbild dazulegen, wenn das für mich stimmig ist.

Dann visualisiere ich, dass sich das Wasser mit allem, was auf dem Zettel steht, positiv auflädt und alle meine idealen Zukunftsvisionen auf das Wasser übertragen werden. Ich sehe die Erfüllung all meiner Wünsche in absehbarer Zeit vor mir.

Das Wasser sollte sich über drei Tage mit dieser Energie aufladen. Dann öffne ich die Flasche und benetze der Reihe nach Augen, Ohren, Nase, Mund und Hals – anschließend Herz und Hände. Das mache ich sieben Tage hindurch täglich dreimal.

Nach einer Woche beende ich das Ritual, indem ich meinen Engeln für ihre Hilfe von Herzen danke und das restliche Wasser auf meine Blumen verteile. Voller Zuversicht erwarte ich nun die positiven Veränderungen und Erfolge.

Reinigung und Befreiung: Energien frei fließen lassen

Der österreichische Karikaturist, Musiker und Krimiautor Manfred Deix sagte einmal, ein Katzenschnurren sei ihm wertvoller als eine Auszeichnung durch den Bundespräsidenten. Er sitze am Arbeitstisch und zeichne, da käme sein drei Monate alter Kater her, umarme seinen Hals mit seinen kurzen Armen, schlecke ihm den Bart ab und schnurre und schlafe stehend an seinem Brustkorb ein – das zähle!

Solche Begegnungen bieten natürlich gute Möglichkeiten, sich zu entspannen und innerlich vollkommen loszulassen. Ich verstehe Manfred Deix, denn ich habe auch immer Katzen um mich. Wenn ich krank bin, liegt mindestens eine von ihnen auf meinem Bauch, im Solarplexusbereich, und ich spüre, wie die Energie zu fließen beginnt, wie sich Blockaden und Stauungen in mir lösen und ich mich völlig fallen lassen kann. Dadurch löst sich natürlich auch die Krankheit schneller auf, und es geht mir in jeder Hinsicht besser. Dies gilt generell auch in Stresszeiten: Nach zehn Minuten derartiger »Katzentherapie« fühle ich mich regelrecht befreit von jeglichem Druck und innerer Enge.

Auch wenn Sie keine Haustiere haben, stehen Ihnen dennoch zahlreiche Möglichkeiten offen, um sich von Belastungen und Überforderungen zu befreien. Sie können beispielsweise in den nächsten Wald oder Park gehen und *Naturübungen* machen, indem Sie sich an einen Baum lehnen und gedanklich alles in die Erde fließen lassen, was Sie belastet. Sie können sich auf eine Wiese legen, das Gras riechen und sich selbst wieder unmittelbar spüren.

Oder Sie setzen sich auf eine Parkbank und blicken eine bestimmte Pflanze so lange intensiv an, bis Sie innerlich ganz losgelöst und befreit sind. Wenn Sie diese Übung häufiger praktizieren, hat das den Effekt, dass Sie nach und nach die Pflanze regelrecht spüren werden, ihre liebevolle Energie in sich aufnehmen und – glauben Sie mir! – dadurch vieles in sich heilen können.

Nehmen wir an, Sie sind am Ende eines Tages angelangt, der es wirklich in sich hatte. Sie spüren sich gar nicht mehr, so überdeckt und eingehüllt sind Sie von Ihrer Müdigkeit und all den Anforderungen, die an Ihnen »kleben«. Sie möchten das alles loswerden und sich innerlich wie äußerlich reinigen.

Dafür schlage ich Ihnen ein einfaches Ritual vor, mit dem Sie alle mentalen und seelischen »Verunreinigungen« und zugleich auch die körperlichen Verspannungen lösen, nämlich das Wasserritual (1), das Sie in der Dusche durchführen können, aber auch draußen im Sommerregen (in letzterem Fall stelle ich mich dort mit ausgebreiteten Armen hin und lasse die warmen Regentropfen an mir herabrieseln ...).

Wasserritual (1)

Ich bitte alle Reinigungsengel um Hilfe und Unterstützung und stelle mich unter die Dusche. Ich lasse das für mich gut temperierte Wasser über mich fließen und stelle mir vor, dass ein weißer Lichtstrahl meinen Körper umhüllt.

Alles Belastende und Aufgeladene löst sich nun auf und fließt mit dem Wasser von mir fort. Ich fühle mich frei und leicht; ich spüre licht- und liebevolle Energie, die mich umgibt.

Wenn ich das Gefühl habe, dass ich vollkommen gereinigt bin, beende ich das Ritual, indem ich mich noch in das Licht des Erzengels Michael hülle, das mich wärmt und schützt.

Dann bedanke ich mich bei allen Engeln für ihre Hilfe.

Wenn Sie eine heftige Auseinandersetzung hatten und diese Situation mit ihren Energien Sie auch jetzt noch verfolgt, schwächt, wütend, böse, gekränkt oder rachsüchtig macht: Wie können Sie solche Blockaden lösen, die Sie einschränken und Ihnen Kraft rauben? Wenn ich – gleich, aus welchem Grund – von jemandem verletzt wurde und ihm nicht auf der Stelle verzeihen kann, dann mache ich das Erzengel-Michael-Ritual (1). Ich empfehle, dieses Ritual einmal täglich an drei aufeinanderfolgenden Tagen zu machen.

Erzengel-Michael-Ritual (1)

Ich bitte den Erzengel Michael um Hilfe und Unterstützung, zünde eine Kerze an, setze mich, lasse alles los und entspanne mich. Dann stelle ich mir den Erzengel Michael bildlich vor: mit seinem Schild, seinem Schwert und dem blauen Lichtstrahl, der ihn umgibt.

Ich sage laut: »Erzengel Michael, ich bitte dich, schneide alles Negative mit deinem Schwert durch, das ... (Name einfügen) und mich noch verbindet, und hilf mir, ... (Name) zu verzeihen.«

Ich stelle mir vor, dass die Verbindung zu diesem Menschen mit dem Schwert und einem blauen Lichtstrahl durchtrennt wird. Wenn das geschehen ist, stelle ich mir goldenes und weißes Licht vor, das zwischen diesem Menschen und mir fließt und uns verbindet; ich spüre Liebe und Harmonie. Ich kann diese Person nun loslassen, ihres Weges ziehen lassen und ihr verzeihen.

Ich sage: »... (Name), ich lasse dich in Liebe gehen und bedanke mich bei dir.«

Ich bedanke mich beim Erzengel Michael für seine Hilfe und beende das Ritual, indem ich die Kerze lösche.

Abschied und Trennung: Von Verzweiflung zu Zuversicht

Immer wieder heißt es für uns im Leben, Abschied zu nehmen: von liebgewordenen Gewohnheiten, von alten Mustern, von der Wohnung, der Arbeit, von Lebensstadien, lieben Menschen aufgrund von Umzug, Trennung oder Tod. Eines Tages werden wir selbst Abschied nehmen von dieser Erde. Der Engel des Abschieds begleitet uns und stärkt uns innerlich.

Es ist gut, wenn wir frühzeitig eine gewisse innere Festigkeit und Gelassenheit entwickeln, um mit großen und kleinen Abschieden zurechtzukommen: Heute frage ich den Engel des Abschieds, wovon ich mich hätte verabschieden sollen, woran ich jedoch immer noch festhalte. Ich frage den Engel auch, wie ich mich auf bevorstehende Abschiede am besten innerlich und äußerlich vorbereiten kann.

Einen Partner oder Freund loslassen

Wir alle haben das wahrscheinlich schon erlebt: Eine Beziehung ist zu Ende, es ist aus und vorbei. Auch wenn die Trennung nicht plötzlich und unvorhersehbar kam, bleibt viel aufzuarbeiten, und neben einem vielleicht vagen Gefühl der Befreiung müssen wir uns mit Wut, Trauer und vielen anderen Regungen und Themen auseinandersetzen. Trennungen, und das kann natürlich auch das Ende einer Freundschaft sein, empfinde ich persönlich besonders dann als sehr belastend, wenn es mit dem anderen keine Gesprächsbasis mehr gibt oder eine neue Basis noch nicht möglich ist, sich die Wege also im Streit getrennt haben.

Was können Sie tun, um diese belastenden Energien wenigstens bei sich selbst zu lösen und den Kopf wieder »freizubekommen«? Wie können Sie sich mental von der betreffenden Person lösen und sich wieder selbst mehr spüren, um Ihren eigenen Alltag wieder positiv zu erleben? Sie können das Loslösungsritual (2) durchführen, das wir schon im 2. Kapitel besprochen haben. Ich habe in dieser Beziehung aber auch wirklich sehr gute Erfahrungen mit dem folgenden Loslassritual gemacht.

Loslassritual

Ich führe dieses Ritual über drei Tage durch, und zwar so: Ich ersuche alle Loslassengel um Hilfe und Unterstützung und schreibe an jedem dieser drei Tage einen Brief an die beziehungsweise den Betreffende(n).

Ich schreibe auf, was mich belastet, aber auch die ganzen schönen und positiven Erinnerungen und Gemeinsamkeiten,

Gedanken und Gefühle – einfach alles, was mich beschäftigt, irritiert, traurig macht, zum Lächeln bringt und so weiter.

Wenn ich mit dem Brief fertig bin, zünde ich ihn an; und während er brennt, bitte ich die zuständigen Engel um die vollkommene Auflösung all dieser Energien im Universum.

Ich stelle mir vor, dass alles Belastende von mir abfällt, fühle mich dabei unbeschwert und leicht. Nun kann ich dem betreffenden Menschen positive Gedanken und Gefühle schicken, ihn segnen und in Liebe gehen lassen.

Ich beende das Ritual nach drei Tagen, indem ich mich von Herzen bei den Loslass- und Abschiedsengeln für ihre Hilfe und Unterstützung bedanke.

Dieses Ritual kann ich natürlich bei Bedarf wiederholen, sollte jedoch mindestens eine Woche damit warten.

Der Tod oder Verlust eines lieben Menschen

Viele Menschen tun sich schwer (ich gehöre auf jeden Fall dazu), ihre Trauer richtig zuzulassen. Lieber beschäftigen wir uns permanent, lenken uns mit den unmöglichsten Dingen ab und flüchten in Gesellschaft oder Aktivitäten, die uns in dieser Lebensphase eigentlich gar nichts bringen. Aber irgendwann holen uns die Gefühle tief in unserem Inneren ein, irgendwann sollten wir sie dann auch wirklich zu- und herauslassen. Dabei hilft uns die Trauergefühleübung.

Trauergefühleübung

Ich bitte alle Trauer- und Trostengel um Hilfe und Unterstützung, zünde eine Kerze an und schreibe auf einem Blatt Papier eine sehr positive Erinnerung an den verstorbenen Menschen auf (oder an ein Tier, das ich geliebt habe).

Anschließend mache ich das auch mit einem nicht so positiven Ereignis, und auf ein drittes Blatt schreibe ich, was mir seit diesem Verlust am meisten fehlt.

Ich entspanne mich vollkommen, lasse alle Gedanken los und nehme das erste Blatt zur Hand. Ich lasse alle Gefühle aus meinem Inneren zu, nehme mir Zeit und Ruhe dafür und wehre mich nicht gegen meine Emotionen. Das mache ich dann auch mit dem zweiten und dem dritten Blatt.

Diese Übung wiederhole ich täglich einmal über eine Woche hindurch. Am siebten Tag verbrenne ich alle Blätter und lasse meinen Gefühlen freien Lauf.

Ich fühle mich nun befreit, lebendig, und auch wenn es mir nicht so gut geht, weiß ich, dass sich ab jetzt alles löst und ich wieder mehr durchatmen und leben kann.

Nehmen wir einmal an, Sie hätten vor einiger Zeit einen Menschen verloren oder eine Beziehung wäre zu Ende gegangen. Sie tun alles Mögliche und bemühen sich wirklich, arbeiten daran, dass Sie Ihre Emotionen zulassen, alle Phasen auch noch einmal durchleben – und trotzdem haben Sie das Gefühl, dass Sie nicht weiterkommen. Sie stehen wie vor einer Wand. Nichts hilft, und es scheint auch nichts zu geben, was Sie trösten oder ablenken könnte. Sie werden diese einschränkenden Energien, diese belastete Stimmung einfach nicht los. Haben Sie sich wirklich ausreichend Zeit genommen und sich tatsächlich erlaubt, von Herzen zu trauern, wütend zu sein oder andere Regungen zu empfinden, die dieser Abschied ausgelöst hat? Was sollen oder können Sie denn sonst noch alles tun?

Doch wer sagt eigentlich, dass Sie alles allein machen müssen? Wozu sind Sie denn umgeben von Ihren Engeln und den Naturgeistern? Und dann gibt es ja noch Ihre Seelenfamilie, die Sie vom geistigen Bereich her unterstützt und die Sie in dieser schweren Phase um Hilfe bitten können. Ich mache das in den entsprechenden Situationen auch, und zwar mit dem Helferritual.

Helferritual

Ich setze mich entspannt auf einen für mich sehr angenehmen Platz, zünde eine Kerze an und bitte alle Engel, alle Helfer aus dem geistigen Bereich und meine Seelenfamilie, mich jetzt zu unterstützen, damit es mir bald besser geht und ich allmählich wieder glücklich sein kann.

Ich schließe die Augen und stelle mir meine Seelenfamilie vor – nach und nach spüre ich, wie sie sich um mich versammelt. Ich fühle, wie sie rund um mich einen Kreis bildet, und es entsteht eine unglaublich helle, liebevolle Energie.

Diese Energie erhebt mich, und ich schwebe in Licht und Liebe. In diesem Zustand fließt alles ab von mir, was dunkel und schwer ist, und ich sehe auch einige Engel, die goldenes Licht dazufließen lassen. Es ist ein unbeschreiblich schönes Gefühl von Glück, Liebe und Licht.

Nach und nach sinkt mein Körper auf den Boden, meine Seelenfamilie löst den Kreis auf und verabschiedet sich von mir, auch die Engel ziehen sich langsam zurück. Ich nehme diese wunderbare Energie mit, öffne die Augen und lösche die Kerze.

Ich bedanke mich von Herzen bei allen, die bei diesem Ritual dabei waren und mir so viel geschenkt haben. Es geht mir ab nun immer besser, das weiß ich.

Und wie viel ist dir geblieben!
Und wie schön ist noch die Welt!
Und mein Herz, was dir gefällt.
Alles, alles darfst du lieben.

Heinrich Heine

4. Engelrituale für besondere Lebensabschnitte

Als Kind und Jugendliche war es für mich nicht nachvollziehbar, wenn meine Mutter darüber klagte, dass die Zeit für sie immer schneller verging. Konnte ich es doch kaum erwarten, endlich ein gewisses Alter (achtzehn Jahre) oder bestimmtes Ziel (Abitur) zu erreichen. Jetzt bin ich Ende vierzig und erfahre und erlebe selbst, was sie damit gemeint hat.

Wenn ich auf mein bisheriges Leben zurückschaue, möchte ich keine Erfahrung und keine »Lektion« missen, egal, ob eher mühsam oder erfreulich. Wenn ich an meine Zukunft denke, freue ich mich auf alles, was da an neuen Herausforderungen und Menschen auf mich zukommt. Aber ich bemühe mich schon, jeden Tag ein wenig bewusster zu leben, ihn aufmerksamer wahrzunehmen und das Beste daraus zu machen, so wie es für mich möglich und auch passend ist.

Von den sieben Lebensabschnitten, über die ich im Folgenden schreibe, betrifft mich persönlich im Moment der Abschnitt Sterben und Seelenbegleitung, da sich meine Mutter gerade auf den Weg in die geistige Welt begibt und mein Vater und wir drei Schwestern sie dabei unterstützen und begleiten dürfen. Aber gleich, wie alt Sie sind und welche Lebensform Sie gewählt haben beziehungsweise welches Umfeld Sie umgibt – vielleicht hilft Ihnen das eine oder andere Ritual gerade in dieser Phase.

Geburt: Das Wunder des Lebens

> Kinder sind Rätsel von Gott
> und schwerer als alle zu lösen.
> Aber der Liebe gelingt's,
> wenn sie sich selber bezwingt.
>
> *Friedrich Hebbel*

Die Schwangerschaft war bislang die entspannteste Zeit meines Lebens. Nie zuvor und auch danach konnte ich alles so fließen und loslassen. Im zweiten und dritten Monat litt ich zwar unter einer permanenten Übelkeit, doch ab Beginn des vierten Monats bis zur Geburt ging es mir wirklich toll, und zwar auf allen Ebenen!

In den letzten Wochen vor der Geburt spürte ich die Verbindung zu meinem Kind schon sehr stark (ich hatte mir nicht das Geschlecht verraten lassen, weil ich mich überraschen lassen wollte), und ich überlegte mir jeden Tag einen liebevollen positiven Satz oder Wunsch für das kleine Wesen in mir. Das ist der persönliche Hintergrund für das folgende Ritual.

Gute-Gedanken-Ritual

Ich ersuche meinen und den Schutzengel meines Babys um Hilfe bei diesem Ritual, überlege mir jeden Tag während der letzten vier Wochen vor der Geburt beim oder nach dem Frühstück einen liebevollen Gedanken oder Wunsch für mein Kind, schreibe ihn auf und lege ihn auf einen gut sichtbaren Platz in meinem Heim.

Jedes Mal, wenn ich dort vorbeigehe, sage ich diese Worte laut oder leise und wiederhole sie mental so lange weiter, wie es von meinem Gefühl her passt.

Jeden Abend schreibe ich den Satz in ein kleines Notizbuch. Das mache ich, bis mein Baby auf die Welt kommt. Dann schreibe ich seinen Namen auf das Büchlein und hebe es für mein Kind oder für mich als Erinnerung an diese intensive, wunderbare Zeit auf.

Ich bedanke mich bei allen Engeln, die mir in diesen Wochen geholfen haben.

Schutzengel wollen nicht angebetet werden, aber wir können sie mit großem Erfolg in einem Gebet darum bitten, etwas Gutes für einen anderen Menschen zu bewirken, beispielsweise für das Wachsen und Gedeihen unseres neuen Erdenbürgers zu sorgen.

Wachstum

Lieber Schutzengel,
lass mein Kind wachsen –
an Größe für den Körper,
an Weite für den Geist und
an Tiefe für die Seele.
Öffne alle Sinne meines Kindes.
Danke!

Wenn meine Tochter Victoria einmal ein Baby bekommen sollte, will ich es auf ganz besondere Art und Weise in dieser Welt willkommen heißen. Das tue ich natürlich auch, wenn meine Freundin, Schwester oder Kollegin, die ich sehr gern mag oder mir nahesteht, Nachwuchs bekommt.

Ein wenig Ähnlichkeit hat das folgende Ritual mit den Wünschen der weisen Frauen aus dem Märchen »Dornröschen«. Erinnern Sie sich? Natürlich gibt es die »böse Fee« nicht mehr. Gehen wir jetzt also davon aus, dass dem süßen Baby, das wir gerade auf der Erde begrüßen wollen, nur Positives gewünscht und in die Wiege gelegt wird. Dabei hilft als aktive Unterstützung das Begrüßungsritual.

Begrüßungsritual

Dieses Ritual kann ich schon vor der Entbindung vorbereiten. Ich bitte zehn bis zwölf Personen aus dem nächsten Umfeld der werdenden Mutter (Freunde, Verwandte, die sie gern mag), auf einem Blatt etwas aufzuschreiben, was sie dem Kind von Herzen wünschen.

Die verschiedenen Wünsche sammle ich ein, mache eine Girlande daraus (indem ich die Blätter zum Beispiel mit bunten Bändern verbinde) und bitte nun die Schutzengel von Mutter und Kind, ihre liebevolle und schützende Energie in die Girlande mit einfließen zu lassen.

Bevor die beiden nach Hause kommen, füge ich auch noch alle meine guten und von Herzen kommenden Wünsche ein und befestige die Girlande über der Haustür. Auch sonst lässt sich ja noch einiges zur Begrüßung vorbereiten, etwa kleine Überraschungen und Geschenke.

Wenn Mutter und Baby nach Hause kommen, heiße ich sie herzlich willkommen und bitte sie, einen Moment unter der Girlande stehen zu bleiben.

Dann beende ich das Ritual, indem ich mich bei allen Engeln bedanke, die es unterstützt haben, und mich darauf freue, dass sich die guten Wünsche verwirklichen.

Wir können den Schutzengel in einem Gebet auch darum bitten, das Kind zu begleiten und immer an seiner Seite zu bleiben.

Schutz für das Baby

Starker Schutzengel,
begleite mein Kind –
bei jedem Schritt, den es macht,
bei allem, was es fühlt, denkt und spricht,
und bleib immer an seiner Seite.
Danke!

Die meisten Mütter führen ein Baby- beziehungsweise Kindertagebuch oder ein Album, in dem genau aufgelistet ist, wie sich das Baby entwickelt: Größe, Gewicht, Bewegungen, erstes Sitzen, erstes Stehen, Ernährung und so fort. Speziell beim ersten Sprössling sind die meisten Mütter in dieser Beziehung sehr genau. Gerade im ersten Lebensjahr entwickelt sich das Baby unglaublich schnell, und man empfindet die einzelnen Schritte wirklich auch als erstaunlich, wenn nicht sogar als kleine Wunder.

Ich hatte natürlich auch solche Aufzeichnungen, aufgelockert mit Unmengen von Fotos und anderen Erinnerungsstücken, und habe sie mir erst neulich gemeinsam mit meiner Tochter angeschaut. Dabei fiel mir auf, dass ich im ersten Jahr auch ein spezielles Augenmerk auf die »Monatstage« legte. In meinem Fall unternahm ich immer am 29. des Monats etwas Besonderes oder schrieb etwas auf. (Meine Tochter ist am 29. März geboren, daher ist der erste sogenannte Monatstag der 29. April.) Wenn Sie diesen besonderen Tag mit Ihrem Kind in bewusster Weise erleben wollen, dann können Sie das Monatsritual ausführen. Ich habe es ein Jahr hindurch bis zum ersten Geburtstag praktiziert.

Monatsritual

Ich ersuche alle Engel des Feierns und der Freude um Hilfe und Unterstützung, besorge mir ein schönes Schreibheft oder Album und überlege mir ein paar Tage vor dem ersten Monatstag, was ich mit meinem Kind unternehmen oder wie ich diesen Tag mit ihm feiern könnte (beim ersten Monatstag wird mir wahrscheinlich etwas anderes einfallen als am elften Monatstag – also dem letzten Monatstag vor dem ersten Geburtstag).

Da gibt es natürlich einige Möglichkeiten: Ich mache einen kleinen Ausflug, ein besonderes Spiel, lade jemanden ein, der mir wichtig ist, oder ich ernenne diesen Tag zum Familientag, und es wird zu dritt (mit meinem Partner) etwas Schönes gemacht oder einfach gefeiert. Ein feines Essen zubereiten, Musik hören, die Wohnung oder das Haus schmücken – es gibt unendlich viele Möglichkeiten. Sie werden die für Sie passende finden. Ich kann natürlich auch einen Brief an mein Kind schreiben, in dem ich ihm vom letzten Monat erzähle, von der Entwicklung, meinen Gefühlen, wie es uns beiden gegangen ist und so weiter.

Am Abend dieses Tages lege ich meine Aufzeichnungen, Fotos und alle Erinnerungen von diesem Tag in das Album oder Heft und beende das Ritual, indem ich mich bei unseren Engeln für ihre Hilfe bedanke.

Nach dem elften Monatstag schließe ich das kleine Album und hebe es an einem besonderen Platz für mein Kind auf. Dann freue ich mich auf den ersten Geburtstag und plane unsere persönliche Feier!

Natürlich ist auch im Leben eines Kleinst- und Kleinkinds nicht immer alles eitel Sonnenschein, zuweilen kullern schon mal die Tränen. Wenn es wieder einmal so weit ist, dann hilft ganz sicher das Gebet für ein trauriges Kind.

Für mein trauriges Kind

Gütiger Schutzengel,
tröste mein Kind –
wenn es traurig ist,
wenn es sich ausgeschlossen fühlt und
wenn seine Seele weint.
Hülle mein Kind ein in deine Liebe.
Danke!

Pubertät: Die Kraft des Lebens

Pubertät: Schreckensvisionen tauchen auf, wenn wir Kinder haben und dieses Wort hören. Solange sie noch klein sind, geben wir uns möglicherweise vertrauensvoll und vielleicht ein wenig naiv – wie ich als unerfahrene Mutter – der Überzeugung hin, dass *uns* das nicht so treffen wird, denn *unser* Kind ist da ja ganz anders … Ja, ja!

Bei Victoria und mir war dann nicht die Pubertät selbst anstrengend, sondern die sogenannte Vorpubertät hatte sich gewaschen. Ich dachte manchmal wirklich: »Das ist ein anderer Mensch. Es ist nicht mehr mein Kind, das da vor mir steht und eine ganz andere, bis jetzt nicht gekannte Energie ausstrahlt.« Es gab dann auch ein paar Aktionen, die mich fassungs- und verständnislos in der Luft hängen ließen (als zum Beispiel bewusst eine Rüge wegen schlechten Betragens in der Schule provoziert wurde, um »cool« zu sein, oder wenn das Kind aus dem gleichen Grund nicht mehr lernte).

Aber es geht anderen Eltern nicht anders, und den Erzählungen nach zu urteilen, gab es noch ungeahnte Steigerungen bei deren Sprösslingen. Das löste zwar die eigenen Probleme und Unsicherheiten nicht und half mir auch nicht beim Versuch, die rechte Balance zu finden, um einerseits dem Kind verständnisvoll zu begegnen und andererseits doch eine Linie vorzugeben. Aber »getröstet« hatten mich die Erfahrungen meiner Freundinnen und Bekannten schon ein wenig. Es ist halt was dran an dem Motto »Geteiltes Leid ist halbes Leid« …

Ohne es zu dramatisieren: Ich wollte es scheinbar nicht wahrhaben, aber der trockene Ausspruch eines befreundeten Arztes, Vater zweier Töchter, hatte sich dann doch bewahrheitet: nämlich dass eine gewisse Zeit das Gehirn unserer Kids nicht wirklich funktioniert, eine Störung vorliegt und sie dementsprechend verrückt spielen, was sich (Gott sei Dank) nach und nach aber auch wieder legt.

Wenn es uns als Eltern zuweilen schon nicht so gut geht, wie mag es dann erst unseren Kindern ergehen, die in dieser Entwicklungsphase ja eigentlich komplett »neben sich stehen«, Identitätskrisen haben, einen Umbruch durchleben, der sie völlig überfordert, und mit Eigenliebe und Selbstwert kämpfen? Vielleicht ist ja das eine oder andere Kind offen für die nächste Übung, nämlich die Spiegelarbeit (2) …

Spiegelarbeit (2)

Bevor ich mit dem Ritual beginne, bitte ich die Engel der Eigenliebe und des Selbstwerts, mir zu helfen und mich aktiv zu unterstützen. Ich stelle mich vor einen großen Spiegel und schaue mich genau an.

Ich sehe alles, was ich an mir nicht mag, was mir nicht gefällt, und nehme mir Zeit. Ich lasse alle Gefühle zu, die ich empfinde, wenn ich mich sehe.

Dann schaue ich mir in die Augen und sage: »... (der eigene Name), mich stört zwar viel an dir, aber ich liebe dich trotzdem. Ich liebe dich, so wie du bist, und ich weiß, dass du ein toller Mensch bist. Du kannst alles, wenn du es nur willst, und du erreichst auch, was dir wichtig ist. Ich liebe dich von ganzem Herzen und kann dich voll und ganz annehmen.«

Ich wiederhole diese Sätze, bis ich sie in meinem Inneren spüre, oder füge noch andere positive Worte hinzu, die für mich wichtig sind.

Ich spüre die Engel und ihre liebevolle helle Energie neben mir und beende das Ritual, indem ich mich bei ihnen bedanke.

Ich mache diese Übung so oft wie möglich. Nach und nach kann ich mich mehr selbst lieben, und erste Erfolge zeichnen sich ab.

~

Kennen Sie das? Sie wollen mit Ihrem pubertierenden Kind einiges besprechen, überhaupt einmal etwas hören von seiner Seite aus, aber es hat sich in jeder Beziehung absolut zurückgezogen. Alle Schotten, die inneren und äußeren, sind dicht – die Verbindung wurde zu hundert Prozent unterbrochen.

Das ist natürlich ein äußerst unbehagliches, um nicht zu sagen beängstigendes Gefühl für uns Eltern. Einerseits akzeptiert man selbstverständlich das Bedürfnis des Jugendlichen nach Rückzug, aber andererseits sollte dann doch noch ein Mindestmaß an Verständigung möglich sein.

Wir wollen ja zumindest in groben Zügen wissen, was sich da tut, was so los ist im Alltag unseres Sprösslings. Aber man kann niemanden zum Gespräch zwingen, und man will es ja auch gar nicht. Also sollten wir es mit Hilfe der Engelenergie über die mentale Ebene versuchen, und zwar mit dem Rückzugsritual.

Rückzugsritual

Ich bitte unsere Schutzengel um Hilfe und Unterstützung, zünde eine Kerze an und schließe die Augen. Ich stelle mir mein Kind vor, wie es in seinem Zimmer sitzt oder liegt; ich stelle mir mein Kind glücklich und zufrieden vor, lächelnd und »rund«.

Ich bitte meinen persönlichen Schutzengel, Folgendes über den persönlichen Schutzengel meines Kindes an mein Kind weiterzuleiten: »… (Name), mein Kind, ich liebe dich von ganzem Herzen. Ich akzeptiere deinen Rückzug und dass du nicht sprechen willst, ich nehme dich so an, wie du bist. Aber du sollst wissen, ich bin immer für dich da, und ich schicke dir jetzt alle Engel, die du brauchst. Sie hüllen dich in ihre liebevolle Energie, und nach und nach kannst du dich von deiner inneren und äußeren Isolation befreien. Ich bin da. Ich liebe dich. Ich nehme dich an, wie du bist.« (Ich kann natürlich auch andere liebevolle Sätze sagen, die mir einfallen.)

Wenn ich das Gefühl habe, dass sich die Distanz zwischen meinem Kind und mir ein wenig verringert hat, beende ich das Ritual, indem ich mich bei unseren Schutzengeln von Herzen bedanke.

Ich mache das Ritual einmal täglich während drei Tagen, dann erst wieder nach zwei Wochen.

Was mich persönlich am meisten Nerven kostete beziehungsweise mir den größten Stress in dieser sehr intensiven Zeit bereitete, waren die gefühlsmäßigen Achterbahnfahrten meiner Tochter. Man konnte damit rechnen, dass mindestens zwei- bis dreimal am Tag die Stimmung kippte – und zwar immer ganz plötzlich und extrem. Wie es so schön heißt: von himmelhoch jauchzend bis zu Tode betrübt.

Natürlich kann man diese Phase als Herausforderung sehen und es mit eiserner unglaublicher Selbstdisziplin auch schaffen, laufend liebevoll darüber hinwegzusehen und auszugleichen. Ich konnte das nicht (zumindest nicht immer). Scheinbar waren meine Nerven dünner als Drahtseile, und deshalb wandte ich (mit Erfolg) öfter das nachstehende Achterritual an.

Achterritual

Um dieses Ritual machen zu können, spreche ich mit meinem Kind schon im Voraus an einem harmonischen Tag ein Codewort oder einen Codesatz ab, zum Beispiel »Ich bin Liebe«, »Max (mein persönlicher Schutzengel) ist da« oder einfach nur »Engel«.

Wenn sich die Stimmung negativ aufbaut, voller Stress und Aggression ist oder sich Endlosdiskussionen hinziehen, steige ich aus dieser Energie beziehungsweise dem Gespräch aus und spreche das Wort oder den Satz. Sollte mein Kind dies ignorieren, bleibe ich ruhig und mache es noch einmal, dabei setze ich mich hin und warte ab.

Ich ersuche unsere Schutzengel um Hilfe und Unterstützung, zünde eine Kerze an und warte, ob beziehungsweise bis das Kind sich zu mir setzt.

Ich beschreibe mit einer Hand eine »liegende Acht« über der Kerze und stelle mir vor, dass alles Negative aus dem Fenster fließt und nur helle Energie uns umgibt.

Ich atme tief durch und spüre, wie ich innerlich ruhig und gelassen werde; und falls es bereit dazu ist, führe ich noch ein ruhiges Gespräch mit meinem Kind.

Wenn nicht, lasse ich die Engelenergie durch die Wohnung respektive das Haus fließen, alles reinigen, und ich stelle mir vor, dass auch mein Kind wieder in die seelische Waage, in die Ausgeglichenheit kommt.

Ich schicke ihm noch viel Licht und Liebe, lasse los und bedanke mich bei allen Engeln, die uns unterstützt haben.

Der Himmel hat den Menschen
als Gegengewicht zu den vielen Mühseligkeiten
des Lebens drei Dinge gegeben:
die Hoffnung, den Schlaf und das Lachen.

Immanuel Kant

Eigenständigkeit: Die Manifestation des Lebens

> Es kommt immer anders!
> Das ist das wahrste Wort
> und im Grunde auch der beste Trost,
> der dem Menschen in seinem Erdenleben
> mit auf den Weg gegeben worden ist!
>
> *Wilhelm Raabe*

Eigentlich wollte ich gar nicht so schnell aus- und von meinen Eltern wegziehen, aber meine erste Wohnung fiel mir sozusagen unverhofft und ungeplant zu. Damals war ich zwanzig Jahre alt, hatte das Abitur gemacht und war schon einige Monate berufstätig. Ich nahm die Gelegenheit spontan wahr und zog eine Woche später in mein kleines Reich ein.

Wenn ich jetzt in dieser Situation wäre, ein neues Heim zu beziehen (gleich, ob ein eigenes Haus oder eine Wohnung), dann würde ich mir ein wenig mehr Zeit für ein Einzugsritual nehmen.

Einzugsritual

Ich bitte alle Engel, die für den Neubeginn und das Zuhause zuständig sind, um ihre Hilfe und Unterstützung, gehe durch alle Räume in meinem neuen Heim, öffne in jedem Raum ein Fenster und zünde in jedem Raum eine Kerze an.

Ich trage eine Schale mit Wasser, gehe damit durch alle Räume und sage: »Ich bitte den Engel des Wassers, alles Negative wegfließen zu lassen.«

Dann nehme ich eine Kerze, gehe durch alle Räume und sage: »Ich bitte den Engel des Feuers, alles Belastende zu verbrennen.«

Anschließend nehme ich einen Blumentopf voller Erde und sage: »Ich bitte den Engel der Erde um Hilfe für ein positives Wachstum.«

Schließlich gehe ich von Fenster zu Fenster und sage: »Ich bitte den Engel der Luft, dass ich hier frei atmen und leben kann.«

Ich schließe die Augen und atme tief durch, fühle mich wohl und geborgen in meinem neuen Zuhause. Ich beende das Ritual, indem ich die Kerzen lösche, das Wasser meinen Pflanzen gebe, in den Topf eine Blume pflanze und die Fenster schließe.

Ich heiße alle Engel willkommen, die mich hier umgeben, und bedanke mich bei ihnen für ihre Unterstützung.

Immer wieder müssen wir uns den Herausforderungen des Lebens stellen, und es gibt viele Zeiten, die geprägt sind von Veränderungen und Umbrüchen. Das ist sicher nicht immer einfach für uns, aber auf jeden Fall stets wieder eine Herausforderung, die uns auf Trab hält.

Doch wo bleibe ich bei dem Ganzen? Spüre ich mich überhaupt noch? Wie lange ist es her, dass Sie sich mal so richtig Zeit für sich selbst genommen haben? Und wann haben Sie sich das letzte Mal richtig angeschaut und wahrgenommen? Ihre Seele gespürt, in Ihr Innerstes geschaut, sozusagen hinter die Fassade?

Wenn Sie einmal wirklich hinter Ihre Augen schauen wollen (das klingt jetzt ein wenig eigenartig, aber Sie werden später verstehen, was ich meine), auch mutig genug sind für die »totale Ichbegegnung« und sich selbst im tiefsten Inneren wiederfinden wollen, dann lassen Sie sich ein auf die Spiegel-Augenübung.

Spiegel-Augenübung

Ich bitte alle Engel, die ich für diese Übung brauche, mir zu helfen. Ich stelle oder setze mich vor einen Spiegel (es kann auch ein kleiner sein) und schaue mir intensiv in die Augen.

Ich lasse mich nicht verunsichern, nicht irritieren und nicht abschrecken, denn langsam verändert sich mein Gesicht, der Ausdruck, und nach und nach sehe und spüre ich die Energie hinter den Augen, also die Energie und den Zustand meiner Seele. (Eventuell stellt sich dabei das Gefühl ein, als ob man »neben sich« stünde, oder es verschwimmt alles. Das ist normal und löst sich wieder auf.)

Es entstehen Bilder und Szenen, begleitet von Gefühlen, und eine gewisse Neugier regt sich: »Was kommt da noch alles und was ist in mir, in meinem Innersten, wo bin **ich**?«

Ich spüre und öffne meine Herzenergie, nehme mich an, in Liebe, fühle Liebe in mir – das mache ich so lange, bis ein starkes Bild von mir entstanden ist, das klar ist für mich. Bis ich das Gefühl habe, es reicht mir jetzt für den Anfang. Oder bis mir vor Müdigkeit und Anstrengung fast die Augen zufallen.

Ich beende die Übung und bedanke mich bei meinen Engeln.

Diese Übung sollte ich drei Tage hintereinander jeweils einmal am Tag machen, dann aber eine längere Pause einlegen (Minimum ist ein Monat).

Hochzeit: Innige Begegnung feiern

Altes Wissen zieht Fäden ins Jetzt,
Fragmente beginnen sich zu verknüpfen,
Erdkraft und Imagination verbinden sich,
genährt im Kreis der Frauen, Gaias Rhythmus
vertrauend,
schlagen Visionen Wurzeln,
werden Ahnungen Bilder,
spinnen Träume Realitäten.

Cambra Maria Skadé

Bei uns im Burgenland, ganz im Osten Österreichs an der ungarischen Grenze, ist es Tradition, die Mehlspeise für die Hochzeit selbst zu backen (unter einer Mehlspeise verstehen wir Teiggebäck). Es gibt dann die »Hochzeitskrapferl«, eine Art süße Krapfen. Sie gehören zu diesem Fest einfach dazu und werden mit viel Liebe und Können zu richtigen kleinen Kunstwerken. Päckchen damit verteilt man an Nachbarn und Bekannte als Kostproben. Auch die Gäste bekommen nach dem Hochzeitsfest ein paar »Krapferl« als Geschenk.

Früher haben die Frauen beider Familien diese Arbeit übernommen und sich immer auch darauf gefreut – denn das war ein fröhliches Beisammensein, bei dem gelacht, nach Herzenslust »getratscht« und gescherzt wurde. Neuerdings werden immer öfter sogenannte Hochzeitsköchinnen damit beauftragt, diese Mehlspeise zuzubereiten. Denn inzwischen ist es eher die Ausnahme, dass die Frauen backen, da ihnen die Zeit und Kraft für diese tagelange Beschäftigung fehlt. Schade! Denn dadurch fehlt natürlich auch diese liebevolle Energie, die in das Gebäck mit eingeflossen ist, ebenjene spezielle »Frauenpower«! Vielleicht können wir das ausgleichen, indem wir, verbunden mit einem Engelritual, Liebeskekse backen?

Ich kann mich auch noch gut daran erinnern, dass meine sehr kreative und künstlerisch begabte Schwester die Tischkarten für meine Hochzeitsgäste aus Salzteig in Herzform formte, rosa bemalte und den Namen des jeweiligen Gastes daraufschrieb. Ein Aufwand, der bei hundertfünfzig Gästen nicht gerade gering war. Man spürte, mit wie viel Liebe und Herzenergie sie diese gemacht hatte – viele sprachen mich auf die Herzchen an und kaum jemand hat seines am Tisch liegen gelassen.

Nun aber zurück zum Liebeskekseritual.

Liebeskekseritual

Ich (die Braut) ersuche alle Liebes- und Hochzeitsengel um Hilfe, mache (oder kaufe) einen einfachen Mürbeteig, rolle ihn aus und steche für jeden Gast ein kleines sowie für mich und meinen Bräutigam ein größeres Herz aus. Die Herzen werden gebacken, dann lasse ich sie auskühlen.

Während ich sie anschließend verziere, stelle ich mir meine Hochzeit vor: fröhliche Menschen, Musik und Lachen. Ich tanze mit meinem Mann, wir sehen uns an und spüren unsere große Liebe, unsere innige Verbindung.

Ich nehme unsere beiden Herzen und verziere sie besonders schön, lege mein ganzes Gefühl und alle positiven Gedanken und Wünsche hinein. Dann bringe ich noch unsere Namen an und beende das Ritual, indem ich die beiden Herzen in eine kleine Schachtel lege.

Am Vorabend der Hochzeit lege ich jedem Gast ein Herz und meinem Bräutigam und mir unsere Herzen auf oder neben den Teller. Nach der Hochzeit essen wir unsere Herzen gemeinsam und mit Genuss auf.

Einen oder einige Tage vor dem großen Ereignis (meistens am Wochenende zuvor) feiern Braut und Bräutigam getrennt voneinander mit ihren Freunden und Freundinnen den sogenannten Junggesellenabschied. Ein weiterer Hochzeitsbrauch ist der Polterabend. Häufig werden das sehr lange und mehr als feuchtfröhliche Abende beziehungsweise Nächte. Dagegen ist sicher nichts zu sagen, wenn es allen gefällt. Aber vielleicht wäre es spannend, diesen Brauch einmal etwas umzuändern? Das heiratswillige Pärchen nimmt dann noch etwas hinzu, nämlich das Paarritual.

Paarritual

Ich (die Braut) mache dieses Ritual gemeinsam mit meinem zukünftigen Mann. Wir nehmen uns beide einen Abend dafür Zeit.

Wir brauchen eine Kerze, vier Blätter Papier, zwei Stifte und Musik, die wir beide mögen. Wir bitten alle Paarengel um Hilfe und Unterstützung, zünden die Kerze an und nehmen je ein Blatt Papier und einen Stift zur Hand.

Nun schreibt jeder für sich auf, was er ab der Hochzeit zurücklässt in seinem Leben, was er nicht mehr braucht und abschließen kann.

Dann legen wir die Blätter zur Seite, und jeder nimmt sich ein neues, auf dem er notiert, was er sich ab dem ersten Tag der Ehe wünscht oder ändern will, was er in Angriff nimmt und so fort.

Wenn beide fertig sind, werden die Blätter getauscht. Dabei bittet man seinen Partner, die Vergangenheit (das erste Blatt) zu verbrennen und die Zukunft (das zweite Blatt) gut aufzuheben, um am ersten Hochzeitstag nachschauen zu können, was verwirklicht wurde oder was eingetroffen ist.

Wir beenden das Ritual, indem wir gemeinsam bei Kerzenlicht unsere Lieblingsmusik genießen, uns so richtig wohlfühlen und auf unsere Hochzeit freuen. Außerdem bedanken wir uns natürlich bei allen Partnerengeln.

Wenn sich ein Paar entscheidet zu heiraten, sucht es üblicherweise Eheringe aus, die beiden – Braut und Bräutigam – gefallen. Der Ring als das Symbol für die unendliche Liebe, die nicht stirbt (ein Ring hat keinen Anfang und kein

Ende), ist nach wie vor ein wichtiger Bestandteil der Trauungszeremonie. Und zwar gleich, ob er dann auch getragen wird oder nicht, und auch egal, was er kostet. Wenn ich mit meinem Partner unsere Ringe energetisch auflade, Engelenergie einfließen lassen will, dann mache ich das Ringritual.

Ringritual

Für das Ringritual brauchen wir ein kleines Kreuz, ein Herz und einen Anker (aus Metall beziehungsweise Holz, falls wir das nicht zur Hand haben, zeichnen wir die drei Symbole auf Papier und schneiden sie aus).

Wir bitten alle Engel, die wir für dieses Ritual brauchen, um Hilfe und Unterstützung, zünden eine Kerze an und legen unsere Eheringe auf Blütenblätter oder ein schönes Tuch.

Dann nehmen wir das Kreuz und legen es auf die Ringe, dabei schauen wir uns in die Augen und sprechen: »Ich glaube an dich und an deine Liebe zu mir.«

Nun nehmen wir den Anker und legen ihn mit den Worten »Ich vertraue dir voll und ganz als Mensch und als Partner« auf die Ringe.

Anschließend legen wir das Herz auf die Ringe und sagen: »Ich liebe dich so, wie du bist, von ganzem Herzen.«

Wir genießen das tiefe Gefühl sowie die Nähe und beenden das Ritual, indem wir die Kerze löschen und uns bei allen Engeln bedanken.

Wie soll ich fliehen?
Wälderwärts ziehen?
Alles vergebens!
Krone des Lebens,
Glück ohne Ruh,
Liebe, bist du!

Johann Wolfgang von Goethe

Runde Geburtstage: Rückblick und Vorschau

Runde Geburtstage sind etwas ganz Besonderes, und natürlich ist es sehr schön, sie im Kreise der Familie und Freunde zu feiern. Für mich hat jeder dieser »Runden« eine ganz eigene Energie und Aussage. Es steckt oft auch ein Auftrag für die nächsten zehn Jahre darin, der sich in einem bestimmten Symbol ausdrückt, das wir in das Grundritual einbeziehen können.

Nachstehend finden Sie eine Aufzählung von Symbolen für die runden Geburtstage, aufgelistet vom dreißigsten bis zum achtzigsten. Lesen Sie sich den Hintergrund für das jeweilige Symbol in Ruhe durch. Es ist nach dem System der Numerologie ausgewählt und mit einigen Stichworten erläutert. Sollten Sie stattdessen ein passenderes anderes Symbol für sich persönlich gefunden haben, dann können Sie dieses natürlich im Grundritual verwenden, das nach der Erklärung der Symbole beschrieben ist.

Dreißigster Geburtstag: ein Familienfoto von Eltern (Geschwistern?) und Ihnen oder Ihrer eigenen Familie (Partner, Kinder). Die Zahl Drei steht für Familie und für die Gruppe, also auch für Freunde, Kollegen und so weiter.

Vierzigster Geburtstag: eine kleine Schachtel mit Münzen. Die Vier steht für Ordnung und Struktur im Innen und Außen. Es geht darum, den eigenen Wert zu erkennen und zu leben, neue Inhalte zu schaffen und Wissen weiterzugeben.

Fünfzigster Geburtstag: eine kleine Kerze, die Sie anzünden. Die Fünf steht für Kraft, Aktivität, Begeisterung, gute Ideen und Handlungsfähigkeit, aber auch für unverhoffte positive Begegnungen.

Sechzigster Geburtstag: ein kleines Herz. Denn die Sechs steht für Selbstliebe, Liebe, Harmonie, Sexualität, aber auch für Weisheit, Selbstbefreiung und geistige Innenschau. Der Geist wird nun stärker als der Körper.

Siebzigster Geburtstag: eine Urkunde für Sie selbst. Denn die Sieben steht für Erfolg und Sieg, Glück, Befreiung von Zwängen und Pflichtprogrammen, Veränderungen, neue Freunde sowie eventuell auch für einen neuen Partner.

Achtzigster Geburtstag: ein Glas. Denn die Acht steht für Klarheit. Alte Illusionen lösen sich auf, innere Ruhe und Frieden, Bilder der Kindheit und Jugendzeit kehren zurück; die materielle Welt löst sich auf, man gewinnt eine klare Sicht und hält einen Rückblick auf sein gesamtes Leben.

Wenn Sie Ihren runden Geburtstag ganz bewusst für sich allein erleben möchten, dann schlage ich Ihnen das folgende Geburtstags-Grundritual vor. Nehmen Sie das jeweils zum Alter passende Symbol dazu.

Geburtstagsritual

Am Morgen meines Geburtstags begrüße ich alle meine Geburtstagsengel, natürlich im Besonderen auch meinen persönlichen Schutzengel, setze mich auf meinen Lieblingsplatz und nehme das Symbol in die Hand (siehe oben).

Ich schließe die Augen und lasse die letzten zehn Jahre mental vorbeiziehen: Was hat sich so alles getan im beruflichen, im persönlichen und im seelischen Bereich? Ich lasse mir Zeit für diese Rückschau und bedanke mich für alles, was ich erleben durfte, alles Positive und auch alles Belastende.

Dann öffne ich die Augen, konzentriere mich auf mein Geburtstagssymbol, das ich in den Händen halte, und überlege mir, was ich mir von den nächsten zehn Jahren erwarte, wünsche, was ich noch vorhabe, was ich an Plänen und Träumen verwirklichen will.

Ich schließe die Augen und ersuche alle Zukunftsengel, mich dabei zu unterstützen, dass ich meinen Lebensweg die nächsten zehn Jahre gesund und positiv weitergehen und mich auf allen Ebenen weiterentwickeln darf.

Ich spüre die liebevolle Energie und das weiße Licht der Engel, das mich umfließt, und beende das Ritual, indem ich die Augen öffne und das Symbol in eine besonders schöne Schachtel gebe, in der ich es verwahre und in der ich alle meine Geburtstagssymbole aufhebe. Ich bedanke mich bei meinen Engeln, die mich unterstützt haben.

Sterben und Tod: Feiern, was geschenkt wurde

Der Tod ist groß.
Wir sind die Seinen
lachenden Munds.
Wenn wir uns mitten im Leben meinen,
wagt er zu weinen, mitten in uns.

Rainer Maria Rilke

Sterben und Tod ist wie gesagt gerade jetzt, da ich dieses Buch schreibe, ein ganz aktuelles Thema in meinem Alltag, da meine Mutter sich auf die Reise in die geistige Welt vorbereitet. Ich bin ihr sehr dankbar dafür, dass sie uns (meinen Vater und meine beiden Schwestern) schon seit einigen Monaten auf ihren Abschied vorbereitet und wir sie begleiten dürfen. So dürfen wir ihr liebevoll ein wenig von dem entgelten, was sie uns in all den Jahren gegeben und für uns getan hat.

Eines ist mir allerdings in dieser Zeit doch auch sehr deutlich geworden: Vorbereiten kann man sich nicht auf den Tod eines geliebten Menschen. Wenn er kommt, ist es immer ein Schock, und man steht im Angesicht des Todes fassungslos da.

Auch wenn ich meiner Mutter wünsche, dass sie in den geistigen Bereich gehen, dieses Leben beenden darf, und alle ihre Engel darum bitte, sie zu begleiten, ihre Seelenfamilie aufrufe, sie liebevoll zu empfangen, wird die erste Zeit nach ihrem Tod sicherlich sehr schwer werden. Denn meine

Überzeugung und Gewissheit, dass es für sie ein Weiterleben gibt und sie dort, wo sie hinkommt, auch glücklich ist, tröstet mich zwar, es nimmt mir aber nicht meine Trauer, die ich zulassen und aufarbeiten sollte. Ich hoffe, dass auch mir dann dabei das Tränenritual helfen wird.

Tränenritual

Ich ersuche alle Trauerengel um Hilfe und Unterstützung und stelle mir die verstorbene Person möglichst real vor. Ich visualisiere sie, verfasse einen Brief an sie, in den ich alles hineinschreibe, was mich belastet (Ärger, Wut, Trauer, Vorwürfe, Fehler) oder was mich traurig macht (den Verlust an Liebe, versäumtes Verzeihen, meine Unzulänglichkeit, meine Hilflosigkeit, gemeinsam Erlebtes, Erinnerungen und so fort).

Ich lasse es zu, dass ich meine Trauer spüre und aus den Tiefen meiner Seele befreie, ich lasse die Tränen fließen und benetze den Brief damit. Ich nehme mir viel Zeit dafür, denn es gibt eine Menge ungeweinte Tränen, die sich endlich von mir lösen wollen.

Wenn ich meine, dass ich nicht mehr weinen kann, segne ich die Seele des geliebten Menschen, bedanke mich für alles, was wir voneinander lernen durften, und wünsche ihr von Herzen nur Glück und Liebe; ich bedanke mich natürlich auch für die Hilfe und Unterstützung all meiner Engel und beende das Ritual, indem ich den Brief verbrenne, die geliebte Seele loslasse und gehen lasse.

Dieses Ritual kann ich in der ersten Trauerzeit so oft ausführen, wie ich es brauche.

Es gibt ein Ritual, das ich immer am Allerseelentag mache. In diesem Fall passt es aber auch sehr gut, wenn die erste Zeit meiner tiefen Trauer vorbei ist und sich ein Jahreskreis geschlossen hat (also am ersten Todestag).

Selbstverständlich ist mir bewusst, dass die Seele des geliebten Menschen, den ich vor einem Jahr verloren habe, nicht im Grab zu finden ist, aber ich bin auch nur ein Mensch und brauche den Grabstein mit dem Namen, um auch wirklich zu realisieren, dass mir diese Seele in den geistigen Bereich vorangegangen ist. Ich stehe also an diesem Grab und sehe mich am Friedhof um, wobei es mir bewusst wird, dass es sehr viele Seelen hier gibt, an die nicht mehr gedacht wird, um die nie getrauert wurde – also gedenke ich beim Friedhofsritual auch ihrer.

Friedhofsritual

Ich bitte alle Engel um Hilfe und Unterstützung, suche mir ein Grab aus, das ungepflegt und verwahrlost wirkt, und stelle eine Kerze zu diesem Grab. Ich zünde sie an und schließe die Augen.

Ich werde innerlich ganz ruhig und finde liebevolle und positive Gedanken und Worte für alle Menschen und Seelen, die mich umgeben und denen es nicht gut geht. Ich spüre Belastungen, Leid und Trauer, Verzweiflung. Ich spüre aber auch alle Engel, die diese Seelen mit Liebe und ihrem wundervollen Licht umhüllen.

Ich spüre, wie es in mir selbst und in meinem Umfeld friedlich und hell wird.

Ich atme tief durch, öffne die Augen, nehme auch im

Außen die helle Energie wahr und beende das Ritual mit einem herzlichen Dankeschön an alle liebevollen Helfer, die wieder so viel Schönes bewirkt haben.

Wenn ich dann schon eine längere Zeit der Trauer hinter mir habe, es nicht mehr so wehtut, wenn ich an den lieben Verstorbenen denke und nach und nach glückliche Erinnerungen an schöne Momente in mir auftauchen, die nicht mehr schmerzen, sondern guttun, dann kann ich vielleicht schon in mich hineinspüren, ob ich so weit bin, dieses Hinübergehen in die geistigen Welten ein wenig zu feiern und mich für die Seele darüber sogar zu freuen.

Ich habe einmal von einem Volk gelesen (aber leider vergessen, welches das ist), das einen für uns ungewohnten Brauch pflegt. Einmal im Jahr gehen alle Menschen auf den Friedhof und feiern dort. Sie nehmen wirklich gutes Essen, Getränke, Musik und Decken mit wie bei einem Picknick, setzen sich zwischen die Gräber und essen, trinken, tanzen, lachen und – feiern! Sie freuen sich, dass es ihre Verstorbenen geschafft haben, dieses Erdenleben hinter sich zu lassen, und darüber, dass es ihnen jetzt viel besser geht.

Das klingt für unseren Kulturkreis eher unvorstellbar und ist für viele Menschen vermutlich äußerst gewöhnungsbedürftig. Aber vielleicht kann ich ja für mich und unter Umständen auch für das engste Umfeld eine kleine Feier gestalten – in Form des Freuderituals.

Freuderitual

Ich brauche ein kleines Andenken an diese Seele, passende Musik und ein Glas Wein oder Sekt – was ich lieber mag. Ich bitte alle entsprechenden Engel um Hilfe und Unterstützung, zünde eine Kerze an und nehme das Andenken in die Hand.

Ich sage: »Liebe(r) ... (Name), ich freue mich für dich, dass es dir jetzt gut geht. Ich danke dir für alles Positive, was ich von dir bekommen habe, und für alles, was uns in diesem Leben verbunden hat. Ich lasse die Trauer jetzt los und spüre nur noch Freude und Liebe, wenn ich an dich denke. Ich spüre deine Energie, denn ich halte ... (das Andenken) in der Hand. Ich höre Musik, die du gemocht hast, und ich hebe das Glas auf dich. Ich feiere dein letztes erfolgreiches Leben und dass du mir in den geistigen Bereich vorausgegangen bist. Dank an dich und alle Engel, die mit uns mitfeiern.«

Ich nehme mir Zeit für die Feier, höre die Musik, trinke den Wein und spüre die liebevolle und lichtvolle Energie, die uns verbindet.

Ich beende das Ritual, indem ich die Kerze lösche und mich von der Seele verabschiede.

Dich lehrte der Tod weder Ja noch Nein,
weder Dulder noch Überwinder sein:
Nun bist du Dulder, bist Überwinder!
Wir sind es alle, des Daseins Kinder.
Bleibt mir vom Leib mit eurem Geschrei,
dass der Mensch nur ein Häuflein Asche sei.
Seine eigene Asche hat niemand gesehn!
Wovon wir wissen, ist Auferstehn!

Gerhart Hauptmann

Seelenbegleitung nach dem Tod: Aufbruch in eine neue Freiheit

Wie befreien wir uns nun konkret von einengenden Trauerenergien? Sind wir ihnen hilflos ausgeliefert, können wir gar nicht anders, als darin zu versinken? Oder gibt es doch Möglichkeiten, aktiv etwas zu machen, damit es uns besser geht – natürlich nur, wenn man es wirklich möchte?

Das ist sicher von Mensch zu Mensch verschieden und kommt auf den Typ an. Jeder braucht anfangs eine gewisse, unterschiedlich lange Zeitspanne, in der er wie gelähmt ist und aktiv gar nichts machen kann. Aber meiner Meinung nach kommt dann bei jedem Trauernden auch der Tag, an dem er sich ein wenig »freizustrampeln« vermag. Eine gute Möglichkeit dafür ist die Kreativitätsübung.

Kreativitätsübung

Ich frage meine Schwester oder eine liebe Freundin, ob sie mitmacht (denn zu zweit geht es einfach besser; es können auch mehr als zwei Personen sein), und überlege mir schon vorher, worauf ich Lust habe. Vielleicht anfangs auf gar nichts, aber wenn ich gedanklich alle Möglichkeiten durchgehe, die mir Freude machen, finde ich sicherlich etwas, zum Beispiel kneten, formen, gestalten, weben, nähen, stricken, malen, zeichnen, fotografieren oder auch singen, eine Geschichte erzählen, ein Märchen abändern oder eine Kurzgeschichte schreiben, tanzen oder einfach in den Wald schreien gehen (die einfachste Übung, die sehr befreiend wirkt – aber sie liegt nicht jedem).

Ich werde das Passende für mich finden. (Sport, Gymnastik oder bummeln gehen mit anschließender Einkaufstour gehört eigentlich nicht zu einer Kreativitätsübung, aber wer mit einem Dauerlauf Dampf ablassen kann, warum nicht?!)

Ich suche mir also das Passende aus, um an diesem Tag meine Kreativität in Gemeinschaft mit einem anderen Menschen zu leben, und wir nehmen uns ausreichend Zeit dafür. Lachen und »Tratschen« sind natürlich erlaubt und erwünscht.

Ich lade alle Kreativitäts- und Schaffensengel zu diesem Treffen ein.

Nach diesem Nachmittag oder Abend spüre ich, wie sich vieles in mir gelöst hat, ich kann wieder freier und tiefer durchatmen, der Druck hat nachgelassen, und ich habe gespürt, dass ich noch lachen kann. Ich danke allen Menschen und Engeln, die mich befreit haben.

Diese Übung sollte ich dreimal durchführen, einmal pro Woche wäre optimal.

Die nächste Übung wende ich nicht nur an, wenn ich Trauerarbeit bei mir oder anderen leiste, sondern auch öfter im »normalen« Alltag, wenn es mir (egal, aus welchem Grund) nicht gut geht und ich mich aus dieser deprimierenden Energie befreien möchte.

Es ist eine Übung, die uns hilft, uns wieder bewusst auf die kleinen Dinge des Lebens zu besinnen, sie wieder aktiv wahrzunehmen; Dinge, die uns glücklich machen. Hier meine ich nicht große, überschwengliche Glücksgefühle wie zum Beispiel in einer ersten Verliebtheitsphase, sondern das kleine Glück der Harmonie und Zufriedenheit, das innerliche »Rundsein«, das Mit-mir-eins-Sein. Wenn ich es schaffe, dieses Gefühl in mir immer wieder zu erreichen, dann ist das, so meine ich, schon sehr viel.

Natürlich lenkt diese Übung auch von der inneren Trauer ab, nach und nach können wir vielleicht wieder ein wenig lächeln, und es geht uns dann in jeder Beziehung besser. Ich nenne dies die »Wohlfühlübung«.

Wohlfühlübung

Am Morgen nach dem Aufstehen ersuche ich meinen Schutzengel und alle Wohlfühlengel, mir alles an diesem Tag zu zeigen, was mir hilft, fröhlicher zu sein.

Ich nehme eine leere Flasche und stelle mir vor, dass all meine Sorgen, all meine Trauer, alles Belastende in diese Flasche fließt. Wenn alles von mir fort ist, verschließe ich die Flasche und entsorge sie.

Ich gehe heute mit offenen Augen und Ohren durch meinen Alltag – gleich, ob ich fortfahren und arbeiten muss oder als Hausfrau zu tun habe oder im Urlaub bin. Ich höre und sehe viel, das mich berührt, das positiv ist, das mir gefällt.

Wenn ich Zeit und Lust habe, kann ich mir das alles auch aufschreiben und am Abend noch einmal durchlesen. Wenn nicht, werde ich mir das Wesentliche auch so merken.

Im Laufe des Tages geht es mir immer besser, und ich spüre, dass ich mich wieder für alles Positive in meinem Umfeld öffne.

Am Abend bedanke ich mich bei allen Engeln, die mir geholfen haben, und beende die Übung, indem ich eine Kerze anzünde und den Abend harmonisch ausklingen lasse: mit einem Bad, einem schönen Telefonat oder einem interessanten Buch. Mit dem Partner zu kuscheln oder mit der Katze zu schmusen sind natürlich auch Möglichkeiten!

Diese »Übung« ist bei Bedarf jederzeit wiederholbar!

5. Engelrituale für das Leben in der Gemeinschaft

Da der Mensch, wie weithin bekannt sein dürfte, »keine Insel ist«, leben wir in mehreren Gemeinschaften (ob wir das nun wollen oder nicht). Die meisten haben eine Familie, Freunde und Kollegen. Wir wohnen in einem kleinen Ort oder in einer Stadt, in einem bestimmten Land. Wir erleben die Natur mit all ihren wunderbaren Geschöpfen, Pflanzen und Mineralien. Wir sind ein Teil der Erde und des Kosmos, also auch verbunden mit anderen Gestirnen, etwa der Sonne und dem Mond.

Wir sind »all-eins« und sollten uns wirklich dessen bewusst sein, dass alles miteinander verbunden ist und es immer auf uns zurückfällt, wenn wir jemandem schaden (egal, ob Mensch, Tier oder Pflanze). Natürlich funktioniert das auch umgekehrt im positiven Sinne, nämlich wenn wir jemandem helfen. Denn was wir aussenden, kehrt zu uns zurück. Das ist ein Grundgesetz, dem sich niemand entziehen kann.

Wenn wir das Thema »Gesellschaft« aus dieser Sicht betrachten, dann spüren wir die ungeheure Verantwortung, die wir für uns und unser (nahes und ferneres) Umfeld in diesem Leben übernommen haben. Arbeiten wir daran, dass wir auf lange Sicht so weit sind, um jedes Gefühl, jeden Gedanken, jedes Wort und jede Tat bewusst positiv leben zu können – oder zumindest Schritt für Schritt immer positiver.

Der Jahreslauf: Rituale für jeden Monat

Wie haben Sie persönlich das letzte Jahr erlebt? Ist es für Sie auch so schnell vergangen – oder etwa an Ihnen »vorbeigegangen«? Nehmen Sie sich etwas Zeit und überlegen Sie bitte einmal: Was haben Sie im letzten Jahr bewusst erlebt, was ist einfach vorübergeglitten? Welchen Monat haben Sie noch gut in Erinnerung, welches Ereignis, welchen Tag, welchen Menschen?

Vielleicht wollen Sie ab nun jeden Monat etwas bewusster leben? Wenn ja, können Ihnen die Rituale für den Jahreslauf dabei helfen, bestimmte Anlässe oder Feiertage, aber auch Jahreszeiten wieder ursprünglicher und intensiver zu spüren. Beginnen Sie einfach mit dem kommenden Monat, Sie brauchen nicht auf den nächsten Jahresbeginn zu warten.

Sehen Sie sich die Monate mit den einzelnen Ritualen einmal an – lesen Sie alle in Ruhe durch. Vielleicht haben Sie Lust oder es passt einfach gerade sehr gut, im April ein Ritual vom Juni zu machen. Suchen Sie sich nach Lebensthema und -situation genau das aus, was Sie gerade brauchen. Und: Sie dürfen jedes Ritual natürlich auch für Sie persönlich nach eigenem Ermessen und Ihren Anforderungen abändern. Ihrer Intuition und Kreativität sind keine Grenzen gesetzt.

Wenn ich am Beginn des neuen Jahres mit viel Energie durchstarten, Neues beginnen und Unpassendes ändern möchte, dann sollte ich zuerst einmal in meinem Heim Ordnung und genügend Freiraum schaffen – und zwar in meinem äußeren Heim, also in Haus oder Wohnung, und auch in meinem inneren Heim, in der Seele und im Herzen. Eine einfache und nicht zeitaufwendige Möglichkeit ist das Neujahrsritual (2).

Neujahrsritual (2), 1. Januar

Ich suche mir einen passenden Raum aus, bitte alle Reinigungsengel um Hilfe und Unterstützung. Ich schaue mich bewusst um, was ich in diesem Raum schon länger nicht mehr verwendet habe, nicht mehr brauche und aussortieren, weggeben oder verschenken kann. Diese Gegenstände sortiere ich aus, und dann ordne ich alles neu und reinige den Raum sorgfältig.

Wenn ich damit fertig bin, setze ich mich in die Mitte des Raums, zünde eine Kerze an und schließe die Augen. Ich stelle mir vor, dass weißes und goldenes Licht durch meinen Körper fließt und alle alten und belastenden Energien mitnimmt. Ich lasse alles über meine Füße in die Erde abfließen, und nach und nach umfließt mich weißes, göttliches Licht. Ich spüre Liebe und Wärme, genieße diese Gefühle und lasse mir Zeit dafür.

Ich beende das Ritual, indem ich mich bei meinen Engeln von Herzen bedanke.

Die Heiligen Drei Könige brachten dem Jesuskind Geschenke aus dem Morgenland. Weihnachten und das Schenken ist bereits vorbei, aber es gibt sicherlich noch offene Herzenswünsche an das neue Jahr. Vielleicht werden sie ja wahr – mit Hilfe des Dreikönigsrituals.

Dreikönigsritual, 6. Januar

Ich bitte alle Wunschengel um Hilfe und Unterstützung. Ich überlege mir drei Herzenswünsche und schreibe sie auf je ein DIN-A4-Blatt. Ich überlege mir die Wünsche sehr gut: Will ich das wirklich und was mache ich daraus, wenn sich der Wunsch dann auch erfüllt?

Ich stelle auf jedes Blatt mit einem Wunsch ein Teelicht und zünde es an.

Die Verwirklichung der drei Wünsche stelle ich mir jetzt sehr real und bildlich vor, ich schwelge in Vorfreude und Begeisterung. Ich visualisiere, dass auch die starke Energie der Heiligen Drei Könige in diese Wünsche mit einfließt und die Erfüllung möglich macht. Ich kann aber auch zusätzlich drei spezielle Erzengel oder meinen Schutzengel anrufen und um Hilfe und Unterstützung bitten.

Ich bedanke mich bei allen, die mir geholfen haben, und beende das Ritual, indem ich die Kerzen lösche.

Der Dreizehnte eines jeden Monates ist der sogenannte Schutzengeltag. An diesem Tag ist der Kontakt mit unserem liebevollen Begleiter besonders intensiv, aber der 13. Januar ist auch der Tag der Taufe Jesu. Da bietet sich natürlich das Thema Reinigung an, und aus diesem Grund, meine ich, passt auch sehr gut das Wasserritual (2).

Wasserritual (2), 13. Januar

Am Abend zuvor fülle ich eine Schale mit Wasser und stelle sie über Nacht aufs Fensterbrett oder in den Garten, damit sich das Wasser mit der Mondenergie auflädt.

Am nächsten Tag, dem 13., zünde ich eine Kerze an, ersuche alle Engel um Hilfe und Unterstützung und benetze Augen, Ohren und Mund mit dem Wasser. Ich kann auch noch andere Körperstellen damit benetzen, an denen ich Schmerzen oder Blockaden spüre.

Dann nehme ich einen kleinen Schluck dieses Wassers, schließe die Augen und atme mehrmals tief durch. Ich spüre, wie im Innen und Außen alles »Dunkle« abfließt, nach und nach fühle ich mich gereinigt und neu aufgeladen.

Ich öffne die Augen, bedanke mich bei meinen Helfern und beende das Ritual, indem ich meinen Tieren und Pflanzen das Wasser zum Trinken gebe.

Die dunkelste Zeit des Jahres ist vorbei, und langsam nimmt der Tag wieder an Länge zu. Natürlich freuen wir uns darüber, und gleich am Anfang dieses Monats können wir das auch bewusst feiern, nämlich am 2. Februar mit dem Fest der »Lichtmess«. Dazu eignet sich, neben den kirchlichen Lichtmessfeiern, das Lichtritual.

Lichtritual, 2. Februar

Ich zünde zwölf Teelichter an, die ich in einem Kreis am Fußboden anordne, und bitte alle Lichtengel um Unterstützung bei diesem Ritual. Ich stelle mich in den Lichterkreis und schließe die Augen.

Ich spüre Wärme und Licht, das mich umhüllt, und lade mich damit innerlich vollkommen auf. Alles in mir ist hell und voller goldener Liebesenergie. Ich bekomme Kraft und fühle mich mit mir rundherum wohl.

Es zeigen sich neue Perspektiven und Ideen für mich – ich lasse das alles zu, auch Wünsche und Träume, die aus meiner Herzenergie entstehen. Ich nehme mir ausreichend Zeit dafür.

Ich beende das Ritual, indem ich die Augen öffne, die Kerzen lösche und aus dem Kreis trete. Ich bedanke mich bei allen Lichtengeln für ihre Hilfe.

Der 14. Februar ist der Tag des heiligen Valentin. Dieser beschenkte seine Gäste mit Blumen, da er während seines Lebens ständig unter Geldknappheit litt. Der Name »Valentin« steht für Kraft und Gesundheit. Ich persönlich halte nicht viel von der Art und Weise, wie der Valentinstag nach dem amerikanischen Muster bei uns gefeiert wird. Ich praktiziere mein ganz persönliches Valentinsritual.

Valentinsritual, 14. Februar

Ich wähle einen Menschen aus meinem Umfeld aus, dem ich eine Freude machen und etwas schenken will, es sollte jedoch kein gekauftes Präsent sein.

Ich überlege mir, worüber sich dieser Mensch freuen würde, zum Beispiel über einen »Gutschein« dafür, miteinander Zeit zu verbringen, oder etwas eigenhändig Gebasteltes oder Selbstgebackenes und so fort.

Wenn das Geschenk fertig ist, zünde ich eine Kerze an und umschließe es mit meinen Händen. Ich ersuche den heiligen Valentin, seine liebevolle Energie in dieses Geschenk einfließen zu lassen, und spüre diese dann auch.

Ich wünsche dem Betreffenden alles, was er gerade braucht, und beende das Ritual mit einem Dank an den heiligen Valentin und indem ich das Geschenk noch liebevoll einpacke.

Ich weiß nicht, ob Sie persönlich Zeit und Gelegenheit haben, sich am Aschermittwoch von einem Priester das Aschenkreuz auf die Stirn zeichnen zu lassen. Ich schaffe es schon seit Jahren nicht mehr. Trotzdem spüre ich an diesem Tag eine ganz starke Reinigungs- und Erneuerungsenergie, und diese ist auch in folgendem Aschenritual zu spüren.

Aschenritual, Aschermittwoch

Ich ersuche alle Engel um Hilfe und Unterstützung und schreibe auf einen Zettel alles auf, was mich belastet und was ich loswerden will.

Ich verbrenne das Blatt und streue die Asche in die Erde (im Garten oder in einen Blumentopf) – damit übergebe ich alles Negative in meinem Leben dem Feuer und der Erde.

Ich stelle mir die totale Auflösung dieser Energien vor und spüre, wie all das im Feuer zerfällt und durch die Asche zerstreut wird. Es tauchen Bilder aus der Vergangenheit auf, von der Kindheit bis zum jetzigen Augenblick.

Und plötzlich: Freude und Glück erheben sich aus dieser Asche, und ich spüre Licht und Liebe tief in mir und rund um mich herum. Wie der Phönix aus der Asche erhebe ich mich und mache den ersten Schritt in einen starken und positiven Neubeginn. Ich richte mich auf, fühle mich voller Energie und beende das Ritual, indem ich mich bei meinen Engeln bedanke.

Hüterin des Tores zur Anderswelt,
Öffnerin des Tores zu Eigenmacht,
zu Würde und Weisheit,
dir opfere ich die Ungeduld und Ängstlichkeit.
Im Feuer der Achtsamkeit
verbrenne ich meine Vorstellungen,
bis ich ruhig und klar
durch alle Tore nach innen gehe.

Cambra Maria Skadé

Ich weiß nicht, wie lange es den Weltfrauentag am 8. März schon gibt. Ich habe ihn erst im letzten Jahr entdeckt – durch eine Dokumentation, bei der ich »zufällig« beim Durchzappen hängen geblieben bin. Dieser Bericht war für mich so beeindruckend, erschütternd und aufrüttelnd zugleich, dass ich meine Engel um eine Möglichkeit bat, auf der energetischen Ebene etwas zu finden, was die Frauen aller Erdteile verbinden könnte. Und so ist das Ritual am Weltfrauentag entstanden.

Ritual am Weltfrauentag, 8. März

Ich bitte alle entsprechenden Engel um Hilfe und Unterstützung, zünde eine Kerze an, wähle eine passende Meditations- oder Entspannungsmusik (leise) aus, schließe die Augen und lasse innerlich alles los.

Ich höre nach innen, begebe mich auf die Seelenebene und

stelle mir eine Frau in Afrika vor – wie sieht sie aus und was macht sie gerade? Ich sehe diese Frau sehr klar vor mir und nehme sie an der Hand.

Nach und nach kommen je eine Frau aus Amerika, Australien und Asien dazu. Wir fünf Frauen fassen uns an den Händen und bilden einen Kreis. Wir bewegen uns harmonisch zu der Musik und bilden eine Einheit. Licht und Liebe umfließen uns, und es entsteht eine wunderbare Energie.

Wir sehen uns an und lächeln uns zu. Eine nach der anderen kehrt wieder in ihre Heimat zurück. Wir winken uns zu, lächeln und nehmen diese Verbundenheit mit.

Ich beende das Ritual, indem ich mich bei meinen Engeln bedanke und die Kerze lösche.

Ich kenne eigentlich niemanden, der den Frühling nicht mag: die Blüten, die ersten Blätter, den Duft, die Bienen, die Vögel. Es gibt eine schier unübersehbare Vielfalt von Erzählungen und Gedichten, die diese Jahreszeit einfühlsam beschreiben und lyrisch von ihr erzählen. Ich liebe den Frühling sehr; vermutlich auch, weil ich in dieser Jahreszeit geboren bin. Ich genieße jeden Moment in der freien Natur. Ich denke, das geht Ihnen ähnlich. Grund genug, um den »Lenz« liebevoll und von Herzen mit einem ihm gewidmeten Ritual zu begrüßen, mit einem Frühlingsanfangsritual.

Frühlingsanfangsritual, 20. März

Ich bitte alle Engel um Hilfe und Unterstützung, schließe die Augen und entspanne mich. Dann nehme ich eine Topfpflanze, stelle rund um sie Teelichter auf und zünde diese an.

Ich stelle mir die Natur vor: eine Wiese mit Blumen, Schmetterlingen ... Ich spüre die Sonne auf meiner Haut, rieche den Duft des Grases, höre die Bienen summen und lasse alles Belastende vom vergangenen Winter in die Erde abfließen. Ich spüre, wie sich alles in mir auflädt mit der liebevollen Naturenergie. Ich fühle mich wie neugeboren und heiße den Frühling willkommen!

Ich beende das Ritual, indem ich mich bei meinen Engeln bedanke und die Kerzen lösche.

Dieses Ritual kann ich natürlich auch in der Natur oder in meinem Garten durchführen – die Kerzen stelle ich rund um einen Baum oder eine andere Pflanze auf und setze mich auf die Erde.

Das ist des Lenzes belebender Hauch,
der atmet durch Flur und Feld!
Schon schlägt die Drossel im Erlenstrauch,
die Lerche singt und der Buchfink auch!
O du sonnige, wonnige Welt!

Friedrich Wilhelm Weber

Der Palmsonntag – es ist noch eine Woche bis zum Osterfest. Wie weit wird die »Karwoche« in unserer hektischen Zeit überhaupt bewusst gelebt? Wahrscheinlich von vielen Menschen kaum noch. Ich kann mich daran erinnern, dass meine Eltern für uns drei Mädchen immer sehr viel Zeit hatten in dieser Woche, denn über Jahre hindurch fuhren wir dann immer gemeinsam in den Urlaub nach Kirchberg/ Wechsel. Das war natürlich etwas Besonderes. Zwar nicht teuer und feudal, aber wir unternahmen eine Menge gemeinsam. Spaziergänge, Spiele, Kinobesuche, Gespräche – und das wog die Einfachheit der Unterkunft allemal auf.

Wenn Sie die Karwoche wieder bewusster erleben möchten, wenn Sie sich auf Ostern wirklich vorbereiten wollen und vielleicht in dieser Zeit auf eine eigene Art fasten oder auf etwas verzichten, dann unterstützt Sie dabei optimal das Palmsonntagsritual, das zur Reinigung und Segnung führt.

Palmsonntagsritual, Sonntag vor Ostern

Ich ersuche alle Engel um Hilfe und Unterstützung, zünde eine Kerze an und entspanne mich, lasse innerlich alles los. Dann nehme ich einen Palmzweig (der eventuell geweiht ist) und ein Räucherstäbchen (oder eine Räucherschale mit Räucherwerk), zünde es an und gehe mit Zweig und Stäbchen (beziehungsweise Schale) durch mein Haus oder meine Wohnung.

Raum für Raum wird vom Dach bis zum Keller mit dem Zweig gesegnet, mit dem Rauchwerk gereinigt, und ich spüre nach und nach eine ganz klare, sanfte Energie, die meine

Wohnräume durchzieht. Ergänzend kann ich natürlich auch noch meinen Garten auf diese Art und Weise reinigen und segnen.

Ich beende das Ritual, indem ich mich bei meinen Engeln bedanke, den Palmzweig an einem passenden Platz aufhänge oder hinstelle und das Räucherwerk vollkommen ausbrennen lasse.

Hurra, Ostersonntag! Als Kind konnte ich es an diesem Tag kaum erwarten, endlich aufzuwachen, denn das hieß: das erste Mal wieder Kniestrümpfe anziehen, egal, wie kalt es war. Und manchmal gab es sogar ein neues Kleid oder einen Frühjahrsmantel, der für dieses Fest als spezielles Geschenk aufgespart worden war. Selbstverständlich auch die Ostereiersuche! Das Nonplusultra waren damals ja die schokoladigen Fundstücke – Naschereien, die es nur an diesem besonderen Tag für uns Kinder gab. Dementsprechend wurden sie sehnsüchtig erwartet und sehr gerecht unter uns drei Mädchen aufgeteilt. Der Genuss wurde sorgfältig geplant und eingeteilt, damit wir möglichst lange etwas von der seltenen Nascherei hatten.

Diese Gedanken bringen uns zu einer etwas anderen Ostereiersuche, dem Ostersonntagsritual.

Ostersonntagsritual

Für dieses Ritual brauche ich zehn rote Ostereier und zehn kleine Zettel, auf die ich ein Wort oder einen Satz schreibe, das oder der das Wort »Liebe« zum Inhalt hat. Zum Beispiel: »Ich wünsche dir eine Menge Licht und Liebe«, »Liebesengel«,

»Du sollst umgeben sein von Liebe«, »Die Engel lieben dich« und so fort.

Ich ersuche die Auferstehungs- und Osterengel um Hilfe und Unterstützung, zünde eine von mir vorbereitete Osterkerze an und gebe je einen kleinen Zettel zu einem roten Osterei.

Diese verstecke ich nun im Haus, in der Wohnung, im Garten oder in der Natur und lasse meine Lieben – Familie oder Freunde – die Eier suchen.

Wenn alle Eier gefunden sind, setzen wir uns rund um den Tisch im Haus oder im Kreis in der Natur oder im Garten zusammen, und jeder spürt in sich hinein, was gerade dieses Wort, dieser Satz für ihn bedeutet.

Ich verinnerliche die Aussage als persönliche Osterbotschaft und beende das Ritual, indem ich mich bei allen Engeln bedanke, die Osterkerze lösche und noch einen wunderbaren Ostersonntag erlebe.

Das Ritual kann ich verlängern, indem ich mit meiner Familie beziehungsweise meinen Freunden noch über die Worte oder Sätze spreche und dadurch viele neue Sichtweisen, Ideen und andere positive Impulse entstehen.

~

Nicht allen Menschen geht es so gut wie uns, was die Wasserversorgung betrifft. Wir leben in Mitteleuropa ja sozusagen im »gelobten Land« – ausreichend Wasser, noch dazu in sehr guter Qualität, sodass man es praktisch immer und überall trinken kann. Wir sollten uns dieses Schatzes bewusst sein, ihn mit Dank annehmen und natürlich auch darauf achten, dass Wasser weiterhin geschützt und nicht vergeudet wird.

Am 22. April wird der Weltwassertag gefeiert. Vielleicht könnten wir das ja zum Anlass nehmen, um bewusst und in nachstehender Form unser wunderbares Wasser zu genießen.

Ritual zum Weltwassertag, 22. April

Ich bitte alle Wasserengel um Hilfe und Unterstützung und stelle mich unter die Dusche. Während das Wasser über mich rieselt, spüre ich goldenes und weißes Licht und eine sehr sanfte Energie.

Alles Belastende und Negative im Innen und Außen fließt ab, und ich spüre eine wunderbare und liebevolle Energie, die mich einhüllt und mir Schutz, Gesundheit und Kraft gibt.

Ich fange ein wenig von dem Wasser in einem kleinen Gefäß auf, um später auch meinen Pflanzen und Tieren davon zu geben.

Wenn ich vollkommen mit dieser Energie aufgeladen bin, hülle ich mich in ein großes Badetuch ein und lege mich noch mindestens fünfzehn Minuten in mein Bett, um die Energie noch einmal zu spüren und nachwirken zu lassen. Ich fühle mich nun kraftvoll, gesund und bereit für meinen Alltag.

Dann beende ich das Ritual, indem ich mich bei meinen Engeln bedanke.

Mai

Der Mai ist der Monat, der Mutter Maria zugeordnet ist und in dem wir uns unter ihren Schutz und ihre Hilfe stellen. Jetzt können wir ihre Energie verstärkt empfangen und spüren. Im Rosenkranzgebet »Gegrüßet seist du, Maria« gibt es eine Stelle, die für mich am aussagekräftigsten ist, nämlich: »*… jetzt und in der Stunde unseres Todes.*« Alles andere ist unwichtig, das Gestern und das Morgen. Bedeutsam ist, was ich jetzt in diesem Moment mache, wie ich ihn lebe und wie ich mich in der aktuellen Sekunde entscheide.

Wenn Sie die Verbindung zu Maria wieder vertiefen und spüren möchten, hilft sicher auch Ihnen das folgende Ritual dabei. Sie können es selbstverständlich ebenso gut zu Hause durchführen. Vielleicht mögen Sie dazu eine Kerze vor einem Marienbild anzünden.

Marienritual

Ich nehme teil an einer sogenannten Maiandacht (eine kurze Besinnung, die bei uns im Burgenland jeden Abend im Mai gehalten wird), kann mich aber natürlich auch zu jeder beliebigen Tageszeit ein paar Minuten in eine Kirche oder Kapelle meiner Wahl setzen. Ich schließe die Augen und nehme inneren Kontakt zur Muttergottes auf.

Ich stelle mir vor, dass sie mich einhüllt in ihren hellblau goldumfluteten Mantel, und ich fühle mich geborgen in reinster Liebes- und Lichtenergie; ich fühle diese Schwingung bis tief in meine Seele.

Vielleicht kann ich auch ein Gespräch mit Mutter Maria führen, mich bedanken, einen Herzenswunsch äußern, ihr meine Sorgen erzählen. Oder es taucht ein inneres Bild von ihr auf, ähnlich wie in einer Vision.

Nach und nach spüre ich, wie mich die Liebe vollkommen erfüllt, und ich beende das Ritual, indem ich die Augen öffne, tief durchatme und mich bei Maria für ihre Nähe, Hilfe und Energie bedanke, die ich in meinen Alltag mitnehmen darf.

~

Maria erschien am 13. Mai 1917 drei portugiesischen Kindern der Gemeinde Fatima zum ersten Mal, dann wieder an jedem 13. des Monats bis einschließlich zum 13. Oktober 1917, an dem das sogenannte Sonnenwunder stattfand. Zigtausende von Menschen erlebten mit, wie sich die Sonne immer schneller zu drehen und auf die Erde hinabzustürzen schien. Ich bin nicht nur ein erwachsener Mensch mit allen Freuden, Pflichten und Mühseligkeiten meines Alltags, sondern empfinde mich auch als ein Kind der Muttergottes. Das kann man sich an diesem besonderen Tag mit einem speziellen Ritual in Erinnerung rufen.

Ritual für den Fatima-Tag, 13. Mai

Ich nehme ein Blatt Papier und Malstifte, entspanne mich und zünde eine Kerze an. Dann zeichne ich drei kleine Sonnen auf (das müssen keine Kunstwerke sein, einfache Formen reichen vollkommen), in jede Sonne schreibe ich ein Wort, einen Gedanken, ein Anliegen, einen Wunsch: was mir gerade einfällt und wobei ich Marias Schutz und Hilfe verstärkt brauche.

Ich muss nicht alles selbst lösen, mich allein plagen. Ich spüre meine Mutter, die mich unterstützt, ich habe grenzenloses Vertrauen zu ihr, und ich weiß, dass sie mir immer geholfen hat, immer hilft, immer helfen wird.

Ich spüre eine Kraft, die mich durchströmt und mich aufrichtet, öffne die Augen und beende das Ritual, indem ich die drei Sonnen verbrenne und die Kerze lösche. Natürlich bedanke ich mich bei Maria von Herzen für ihre Hilfe.

Über den Muttertag sind die Meinungen ja geteilt. »Wenn ich nicht das ganze Jahr meine Mutter achte und ehre, dann brauche ich auch an diesem Tag nichts für sie zu tun«, sagen die einen. Die anderen meinen: »Ja, aber wenigstens am Muttertag nehme ich mir ausdrücklich mehr Zeit und bemühe mich, liebevoll und aufmerksam zu sein.« Das kann jeder halten, wie er will und wie es für ihn persönlich passt. Falls Sie meiner Meinung sind, dass man das ganze Jahr über für die Mutter da sein sollte und am Muttertag ganz besonders, dann passt das Muttertagsritual für Sie.

Muttertagsritual

Ich gehe in die Natur und pflücke eine besonders schöne Blume oder gehe in den nächsten Blumenladen und suche sie mir dort aus.

Wenn meine Mutter noch lebt

Ich lege die Blume auf das Geschenk, das für sie bestimmt ist (eventuell ein »Gutschein« darüber, Zeit miteinander zu verbringen).

Ich bitte den Erzengel Chamuel um Unterstützung mit seiner Liebesenergie und stelle mir vor, dass die rosa Lichtenergie dieses Erzengels Geschenk und Blume umfließt.

Dann überrasche ich meine Mutter mit einer Einladung in ihr Lieblingscafé, einem Spaziergang in ihrem Lieblingspark oder Lieblingswald oder mit einem Ausflug an einen Ort ihrer Wahl und überreiche ihr dort Geschenk und Blume.

Ich spüre die liebevolle Verbindung zu meiner Mutter, meine Dankbarkeit ihr gegenüber – und beende das Ritual, indem ich mich bei den Engeln für ihre Hilfe bedanke.

Wenn meine Mutter nicht mehr lebt

Ich befestige die Blume an einem Brief, den ich ihr vorher geschrieben habe. Darin ist alles aufgeschrieben, was mir am Herzen liegt, egal, ob vergangen oder gegenwärtig.

Damit gehe ich zu ihrem Lieblingsplatz oder an einen Ort, der mit gemeinsamen Erinnerungen verbunden ist, oder an ihr Grab. Ich lege den Brief und die Blume darauf.

Ich ersuche alle Engel um Hilfe und Unterstützung und stelle mir vor, dass der Erzengel Chamuel sein rosa Licht einfließen lässt, das meine Mutter und mich verbindet und alles Belastende aus der Vergangenheit auflöst. Dafür nehme ich mir ausreichend Zeit und Ruhe.

Wenn ich das Gefühl habe, dass das geschehen ist, beende ich das Ritual, indem ich den Brief verbrenne und die Blume an diesem Platz liegen lasse.

Es ist nun alles zwischen meiner Mutter und mir geklärt, und ich bedanke mich bei meinen Engeln.

Jesus kehrte zu seinem Vater im Himmel zurück. Deshalb feiern wir vierzig Tage nach Ostern das Fest Christi Himmelfahrt. Das ist ein Thema, das ich auch erst seit einiger Zeit innerlich so richtig erfasse. Und als Kind konnte ich damit eigentlich gar nichts anfangen. Themen und Sichtweisen verlagern sich im Laufe der Zeit, inzwischen habe ich einen ganz anderen Zugang zu diesem Tag.

Voraussetzung für dieses Ritual ist schönes Wetter, ein Wolkenhimmel und die Möglichkeit, mich auf eine Wiese zu legen, im eigenen Garten, im Park oder in der Natur.

Ritual an Christi Himmelfahrt

Ich bitte Jesus darum, dass ich eine Verbindung mit ihm haben darf und ihn spüren kann. Dann lege ich mich auf einer Wiese auf den Rücken und entspanne mich. Ich atme tief ein und aus und lasse alles Belastende los.

Ich spüre, wie Mutter Erde alles aufnimmt, was mich ängstigt und bedrückt. Ich schließe so lange die Augen, bis ich die Jesus-Energie in mir spüre, dann öffne ich die Augen wieder und suche mir eine Wolke am Himmel aus.

Was sehe ich – ein Tier, einen Menschen, einen Gegenstand, Licht, einen Umriss? Ich konzentriere mich darauf und lasse mich nicht ablenken.

Nach und nach entsteht ein Bild, das für mich stimmig ist und passt – ich weiß jetzt, welches Thema in dieser Woche für mich wichtig ist, oder ich erhalte die Antwort auf eine bestimmte Frage. Es entsteht genau das Bild in der Wolke oder um sie herum, das ich gerade brauche.

Ich nehme die positive Energie, die Erkenntnis, die Antwort und alles andere mit und beende das Ritual, indem ich mich bei Jesus und allen Engeln bedanke, noch ein wenig liegen bleibe, die Natur mit allen Sinnen aufnehme und genieße.

Pfingsten ist das Fest der Erleuchtung und der Läuterung durch den Heiligen Geist, der die Dreieinigkeit erst möglich macht. Wir vergessen den Heiligen Geist immer wieder, wohl weil wir oft weniger mit ihm als mit Jesus oder mit Gott »anfangen« können. Nehmen wir ihn einmal wörtlich: Der Heilige Geist hilft uns, unseren Geist *heiliger zu machen*, und er hilft uns, unseren Geist zu *heilen*. So gewinnen wir vermutlich einen besseren Zugang zum Heiligen Geist und können uns dann auch mehr darunter vorstellen. Das nächste Ritual hilft mir, mich in diesem Sinne bewusster für liebevolle Gedanken und Worte zu entscheiden.

Pfingstritual

Am Pfingstsonntag zünde ich eine Kerze an, komme innerlich zur Ruhe und spreche langsam und sehr konzentriert und bewusst, und zwar dreimal hintereinander, laut: »Ich bin ein Mensch, der sich für die Liebe entschieden hat, und ab nun bemühe ich mich, nur noch liebevoll zu denken und zu sprechen. Jeder Gedanke, der in mir entsteht, und jedes Wort, das ich ausspreche, ist in Liebe eingehüllt, und nur Positives ist die Antwort darauf – für mich und für alle Wesen rund um mich. Ich denke und spreche mit Liebe. Ich bin Liebe. Gott, Jesus und der Heilige Geist sind immer neben mir und helfen mir dabei.«

Ich spüre diesen Worten nach, empfinde ihre starke Energie bis in mein Herz hinein und beende das Ritual, indem ich die Kerze lösche. Ich wiederhole das Ritual am Pfingstmontag.

Juni

Während der volkstümliche Vatertag (auch »Männertag« oder, vor allem in Ostdeutschland, »Herrentag« genannt) in Deutschland zu Christi Himmelfahrt im Mai gefeiert wird, versteht man in Österreich unter dem Vatertag den zweiten Sonntag im Juni, der analog zum Muttertag einen Anlass zur Gabe kleiner Geschenke bieten soll.

Mein Vater, ein sehr nährender, gebender Mann, der seine Familie stets über alles stellte, hat mir sehr viel mitgegeben. Ich darf eine ganz besondere Vater-Tochter-Beziehung zu ihm leben, genauso wie meine beiden Schwestern. Wir wussten immer: Solange es unseren Papa in diesem Leben gibt, haben wir einen unglaublich starken Rückhalt und Schutz. Und ich empfinde es als Gnade, dass ich ihm seit einigen Wochen ein wenig an Hilfe zurückgeben darf. Daher betrachte ich den Vatertag als genau so wichtig wie den Muttertag, und das folgende Ritual ist auch ein großes Dankeschön von mir an meinen wunderbaren und liebevollen Papa.

Vatertagsritual

Wenn ich mit meinem Vater eine positive Vater-Kind-Beziehung lebe beziehungsweise lebte

Ich bitte alle Engel um Hilfe und Unterstützung, zünde eine Kerze an und schließe die Augen. Ich stelle mir vor, dass mein Vater und ich nebeneinanderstehen und uns bei der Hand nehmen.

Nach und nach kommen mein Großvater, Urgroßvater, Ururgroßvater und so weiter dazu. Es bildet sich ein Kreis von ungefähr zehn männlichen Vorfahren, die sich an der Hand halten, und es entsteht eine unglaublich starke und positive Energie, die mich umhüllt und bis in mein Herz hinein berührt.

Ich spüre Kraft und Wärme und fühle mich geborgen und wohl in dieser liebevollen Energie – ich bedanke mich bei all meinen männlichen Vorfahren, die mir so viel Wichtiges weitergegeben und vererbt haben.

Ganz langsam lösen sich die Hände, und einer nach dem anderen meiner Urväter verabschiedet sich. Ich öffne die Augen und bedanke mich bei meinen Engeln, die bei diesem Ritual dabei waren. Ich beende es, indem ich die Kerze lösche.

Wenn ich mit meinem Vater eine belastende Vater-Kind-Beziehung lebe beziehungsweise lebte

Ich ersuche alle Engel um Hilfe und Unterstützung, zünde eine Kerze an und schließe die Augen. Ich stelle mir vor, dass mein Vater vor mir steht, und ich schaue ihm in die Augen.

Langsam taucht hinter ihm mein Großvater auf, der ihm die Hände auf die Schultern legt, desgleichen auch mein

Urgroßvater bei meinem Großvater und so fort, bis etwa zehn männliche Vorfahren in dieser Formation vor mir stehen.

Ich stelle mir vor, dass sie von Licht und Liebe umgeben und eingehüllt sind; ich spüre dieses Licht, diese Liebe, und ich fange an, mich sehr wohlzufühlen. Ich bekomme mehr Luft, und es entstehen Bewegung und positive Gedanken in mir.

Ich verbeuge mich vor meinen Ahnen und bedanke mich für alles, was sie an mich weitergegeben haben. Ein lichtvolles und friedliches Gefühl erfüllt mich, und ich kann alles loslassen, vergeben und vergessen.

Langsam verblassen meine männlichen Ahnen vor meinem geistigen Auge, und ich beende das Ritual, indem ich die Augen öffne und die Kerze lösche.

~

In der Mitte des Jahres genießen wir die langen Tage, die lauen Nächte und freuen uns auf Feiern und Einladungen, die im Garten oder in der Natur stattfinden. Die Sonnwendfeiern am 21. Juni und die Johannisfeuer am 24. Juni sind da natürlich etwas ganz Besonderes. Am 21. Juni, dem Tag der Sommersonnenwende, ist bekanntlich der längste Tag und die kürzeste Nacht; am 24. Juni hat Johannes der Täufer seinen Gedenktag. Das nächste Ritual verbindet diese zwei wichtigen Tage und soll uns durch Wasser- und Feuerenergie helfen, uns zu reinigen und zu öffnen.

Sommeranfangsritual, 21. Juni

Ich fülle eine kleine Schüssel mit Wasser, stelle sie auf einen Tisch und umgebe sie mit Teelichtern, die ich anzünde. Ich schließe die Augen und bitte den heiligen Johannes sowie die Wasser- und die Feuerengel um Hilfe und Unterstützung für dieses Ritual.

Ich stelle mir vor, wie das Wasser mit Licht und Liebe aufgeladen wird, benetze meine Fingerspitzen mit dem Wasser und berühre damit meine Augen, meine Ohren, meine Nase, meinen Mund und mein Herz.

Ich fühle, wie sich alles in mir reinigt und mit kristallklarer Energie füllt. Ab nun sehe, höre, rieche, schmecke, spreche und fühle ich alles ganz klar.

Ich öffne die Augen und schaue in die Flammen der Teelichter; ich stelle mir vor, dass die Feuerenergie mein Herz öffnet und ich bereit bin, Liebe zu geben und anzunehmen. Die Eigenliebe ist voll und ganz aktiviert. Ich fühle mich befreit und offen für neue Menschen und Lebensthemen.

Ich beende das Ritual, indem ich mich beim heiligen Johannes und allen Engeln bedanke, die Kerzen lösche und das Wasser meinen Pflanzen und Tieren gebe.

Mensch, lerne tanzen,
sonst wissen die Engel im Himmel
nichts mit dir anzufangen.

Augustinus

Am 29. Juni haben zwei große Heilige ihren Gedenktag: nämlich Peter (Petrus) und Paul. Petrus ist der »Felsen«, auf dem Jesus seine Kirche aufbaute. Paulus ist der frühere Saulus, der Christenverfolger, dem eine Erscheinung Jesu geschenkt wurde, woraufhin er sich bekehren ließ, seine Laster ablegte beziehungsweise überwand und so zum ersten Apostel Jesu wurde, der das Christentum den Griechen, Römern und anderen nichtjüdischen Völkern brachte. Das nächste Ritual hilft, etwas Belastendes abzulegen, zum Beispiel ein Laster, eine Sucht, eine Unart oder schlechte Angewohnheiten.

Peter-und-Paul-Ritual, 29. Juni

Ich ersuche alle Befreiungsengel um Hilfe und Unterstützung und wähle ein Symbol für meine Sucht (zum Beispiel eine Zigarette, ein Stück Schokolade oder einen Zettel, auf dem ich das Thema notiere).

Ich suche mir in der Natur einen Stein aus, der mir gefällt (nicht zu groß), und vergrabe Symbol beziehungsweise Zettel und Stein in der Erde, draußen oder in einem Blumentopf. Dazu spreche ich: »Mit Hilfe der beiden Heiligen Peter und Paul übergebe ich meine Sucht der Mutter Erde, wo sie sich vollkommen auflöst. Ich bin nun davon befreit.«

Ich schließe die Augen und stelle mir vor, wie sich diese Energie auflöst, und fühle mich leicht und unbeschwert. Ich öffne die Augen und beende das Ritual, indem ich mich bei meinen Engeln bedanke.

Es blitzt ein Tropfen Morgentau
im Strahl des Sonnenlichts.
Ein Tag kann eine Perle sein
und ein Jahrhundert nichts.

Gottfried Keller

Endlich Urlaubszeit – und Sie haben sich schon so darauf gefreut! Aber jetzt trübt ein Wermutstropfen Ihre Vorfreude: Sie haben leider nicht genug Geld zur Verfügung, um eine Reise zu machen, in den Süden oder in die Berge zu fahren, fern von zu Hause im In- oder Ausland Neues zu sehen und zu erleben.

Aber wer sagt eigentlich, dass es in Ihrem näheren Umfeld, in Ihrer Stadt oder in der unmittelbaren Umgebung nicht auch noch vieles zu entdecken gibt, was Sie bis jetzt noch nicht bewusst gesehen und erlebt, wofür Sie bisher noch nie Zeit gefunden haben? Wenn Sie Ihren Wohnort oder die nähere Umgebung rund um ihn mit anderen Augen sehen und gleichzeitig auch einen tollen Urlaub damit verbinden möchten, dann empfehle ich Ihnen das Urlaubsritual.

Urlaubsritual

Ich ersuche alle Urlaubsengel um Hilfe und Unterstützung, gehe durch meine Stadt oder den nächstgelegenen größeren Ort, vielleicht sogar durch mein Dorf, und stelle mir vor, ich wäre ein Tourist, der zum ersten Mal hier ist.

Ich nehme mir Zeit und schaue mir das Zentrum an, aber auch kleine Gässchen, durch die ich noch nie gegangen bin – was fühle und sehe ich, was spüre ich und welchen Menschen begegne ich? Was gibt es an Sehenswürdigkeiten, Veranstaltungen, Märkten, Einkaufsmöglichkeiten und sonstigen Angeboten, die mich interessieren? Ich staune, was ich alles entdecke.

Ich kann dieses Erlebnis noch vertiefen, indem ich mir eine Nacht in einer kleinen Pension oder in einem schöneren Hotel gönne – vielleicht mit einer Massage oder einem Wellnessprogramm, einfach so (auch wenn mir das wahrscheinlich seltsam vorkommt). Es muss ja nicht das teuerste Hotel am Platze sein.

In den nächsten Tagen mache ich Ausflüge in die nähere Umgebung. Jeden Tag unternehme ich etwas; sei es die Besichtigung einer Burg fünfzehn Kilometer entfernt, Spaß in einem Märchenpark oder ein Bummel durch eine größere Einkaufsstadt.

Ich kann diesen Urlaub natürlich auch mit einer Freundin, einem Freund oder meiner Familie machen. Auf jeden Fall werde ich feststellen, dass es ein ganz toller Urlaub ist und ich meinen Lebensraum so richtig gut erfahren und gespürt habe.

Ich bedanke mich bei allen Urlaubsengeln für ihre liebevolle Hilfe und Unterstützung.

~

Wenn Sie in diesem Monat noch keinen Urlaub hatten oder er schon vorbei ist, können Sie einen freien Tag dazu nutzen, richtig aufzutanken an Kraft für Körper und Seele und alles loszulassen, vollkommen auszuspannen.

Als Vorbereitung wählen Sie einen Kraftplatz aus, den Sie schon kennen. Sie brauchen dafür nicht weit zu gehen – geeignet sind eine kleine Kapelle, eine Kirche, ein Platz in Ihrem Garten, in der Natur oder in einem Park in Ihrer Nähe. Wenn Sie sich für einen bestimmten Platz entschieden haben, nehmen Sie sich Zeit für das Kraftplatzritual.

Kraftplatzritual

Nach dem Aufstehen und einem feinen Frühstück bitte ich alle Entspannungs- und Kraftengel um Hilfe und Unterstützung. Ich gehe (wenn möglich zu Fuß) zu meinem Kraftplatz und setze oder lege mich hin.

Ich schließe die Augen und stelle mir vor, dass ich vollkommen losgelöst bin von allen Belastungen und Einschränkungen.

Ich schwebe, fühle mich frei und leicht und spüre eine Spirale von weißem und goldenem Licht, die sich von meinen Füßen aufwärts bis über meinen Kopf um mich herumbewegt.

Es ist eine unbeschreiblich starke und schöne Energie, die mich mit Kraft und Liebe auflädt. Ich genieße sie und öffne erst die Augen, wenn sich die Spirale vollkommen aufgelöst hat.

Ich fühle mich wie neugeboren, bleibe noch ein wenig sitzen oder liegen und bedanke mich bei allen Engeln, die während dieses Rituals an meiner Seite waren.

An diesem Tag arbeite ich nicht, sondern lasse es mir so richtig gut gehen – ich gönne mir einen Wohlfühltag, der voll und ganz mir gehört.

Das Ritual sollte ich einmal im Monat machen, um mich optimal »aufzuladen«.

Wenn Sie das nächste Mal einen Urlaub erleben, am Meer oder in den Bergen, oder wenn Sie eine Besichtigungstour machen, ganz egal, wo, dann nehmen Sie sich von einem Platz, der Ihnen sehr gut gefallen hat, oder von einem Erlebnis, das Sie nicht vergessen möchten, ein besonderes Erinnerungsstück mit.

Das kann ein Stein sein, eine Muschel, eine Karte, ein Ticket, eine gepresste Blume: Es gibt unzählige Möglichkeiten. Es darf auch ein lustiger oder romantischer Ausspruch sein, ein besonderes Wort, ein Lied – das schreiben Sie sich dann auf, um es ganz sicher nicht zu vergessen. Sie werden das für Sie passende Stück sicher finden.

Wenn Sie dann zu Hause sind, der Alltag Sie wieder eingeholt hat und Sie sich gar an einem Tag nicht so gut fühlen, führen Sie das Erinnerungsritual durch.

Erinnerungsritual

Ich ersuche alle Engel der schönen Erinnerung, mir zu helfen und mich zu unterstützen, zünde eine Kerze an und lege mich bequem auf den Boden oder auf mein Bett – wo ich gerade möchte.

Ich schließe die Augen und halte mein Erinnerungsstück in der Hand. Vor meinem geistigen Auge sehe ich die Szene oder das Erlebnis, alles, was ich damit verbinde, und spüre die Energie von damals, alles Positive und Schöne.

Ich bin sozusagen wieder im Urlaub, erlebe dieses unbefangene Gefühl von Freiheit und Lebensfreude, fühle mich rundherum wohl und bin glücklich. Ich verinnerliche diese Energie und Schwingung und nehme sie in den Alltag mit hinein, wenn ich wieder die Augen öffne, die Kerze lösche und mich bei meinen Engeln bedanke. Es geht mir besser.

August

Der größte Ehrentag für Maria im Jahreskreis ist Mariä Himmelfahrt am 15. August. Vielleicht haben Sie schon immer oder zumindest ab und an gerade an diesem Tag eine Marienkirche oder einen Wallfahrtsort aufgesucht, selbst wenn Sie nicht katholisch sind. Ich war an diesem Tag in mehreren Maria-Wallfahrtsorten, in Altötting in Bayern und in Loretto und Frauenkirchen im Burgenland. Aber am schönsten war es für mich persönlich in Ollersdorf im Südburgenland. Das wird wohl schon deshalb so sein, weil meine Wurzeln über meine Mutter im Südburgenland sind und ich mich dort wie zu Hause fühle. Die Andacht in der kleinen Kapelle (die wegen einer Marienheilquelle gebaut wurde) mit den vielen Wallfahrern, die von nah und fern dorthin strömten, haben mich immer sehr berührt und bewegt. Die sanfte und liebevolle Energie unserer Gottesmutter war für mich jedes Mal körperlich spürbar.

Wenn Sie keine Möglichkeit haben, an einen Marien-Wallfahrtsort zu gehen oder zu fahren, dann schlage ich Ihnen vor, das folgende Mariä-Himmelfahrts-Ritual zu erproben.

Mariä-Himmelfahrts-Ritual, 15. August

Ich ersuche die Muttergottes um Hilfe und Unterstützung bei diesem Ritual, nehme ein kleines Marienbild zur Hand und zünde eine Kerze an.

Ich schaue mir das Bild ganz genau an, konzentriere mich darauf, bin ruhig und geduldig und innerlich gelassen. Ich nehme mir ausreichend und wirklich Zeit dafür. Was spüre ich, was geht in mir vor, wie verändert sich das Bild?

Ich mache meine eigene persönliche Wallfahrt zu Maria, und es entsteht in mir die seelische Verbindung zu meiner himmlischen Mutter. Ich nehme ihre liebevolle Energie wahr, spüre und verinnerliche sie – es kann auch sein, dass vor meinem geistigen Auge ein Bild entstanden ist, das ich mitnehmen darf. Oder ich sehe Licht in einer bestimmten Farbe, auch das darf ich annehmen.

Wenn ich das Gefühl habe, dass die Verbindung zu Maria schwächer wird, bedanke ich mich von Herzen bei ihr für alles, bei dem sie mir hilft, mich unterstützt und so weiter, und beende das Ritual, indem ich die Augen öffne und die Kerze lösche.

Ich kann dieses Ritual wiederholen, wann immer ich die Hilfe der Muttergottes brauche.

Im August gehe ich gern in die Natur, vorzugsweise durch die Felder. An einem richtig heißen Tag, kurz bevor das Getreide geschnitten wird, ist es deswegen so schön, dort entlangzuspazieren, weil eine ganz wunderbare Stimmung herrscht: Der Geruch nach warmer Erde und Feldblumen, die hohen Ähren wiegen sich im Sommerwind, man kann es kaum beschreiben, so einmalig ist dieses Gefühl. Sie haben das sicher auch einmal erlebt. Vielleicht ist es ja schon lange her. Als Kind?

Eine solche Stimmung vergeht schnell wieder – wie der Sommer. Es gibt jedoch eine Möglichkeit, sie einzufangen und etwas festzuhalten, und zwar mit dem Feldritual!

Feldritual

Ich brauche für dieses Ritual eine kleine Decke und eine kleine Flasche mit Wasser. Ich bitte alle Engel des Feldes, mich bei diesem Ritual zu unterstützen.

Dann gehe ich in die Natur und suche mir einen ruhigen Platz aus – wenn möglich, im oder gleich dicht neben »meinem« Feld. Ich lege die Decke auf die Erde und setze mich darauf.

Ich schließe die Augen und atme diese unglaubliche Duftmischung ein, spüre die Erde, den Wind, das Feuer der Sonne und nehme einen kleinen Schluck Wasser, eines der vier Elemente.

Ich bin in mir vollkommen »rund«, harmonisch und zufrieden und genieße diese Minuten. Ich nehme mir Zeit, denn es tut sich ja sehr viel in mir. Erinnerungen tauchen auf, Bilder auch, verschiedene Gefühle und Gedanken, ich lasse alles fließen ...

Ich bin vollkommen entspannt, und ich bin zu einem Teil der Natur und dieses Felds geworden. Wenn ich das Gefühl habe, dass ich mich mit seinen Düften und Energien ganz aufgeladen habe, öffne ich die Augen und nehme eine Ähre aus dem Feld mit.

Zu Hause lege oder hänge ich sie an einen besonderen Platz, wo ich sie auch sehe. Ich hebe sie bis zum 23. September auf, also bis zum Herbstbeginn. Dann verbrenne ich sie.

Ich bedanke mich bei allen Naturengeln für ihre Hilfe bei diesem Ritual.

September

Können Sie sich noch daran erinnern, was Sie als Kind alles gesammelt haben in der Natur, vor allem im Herbst? Da gab es Kastanien, Nüsse (die am besten mit den letzten Zwetschgen vom Baum schmeckten) und natürlich Blätter in allen Farben, Formen und Größen. Was haben wir als Kinder alles damit gebastelt und wie oft auch neue Spiele mit diesen Schätzen erfunden! Sie können sich diese Gefühle aus Ihrer Kindheit ein bisschen zurückholen, indem Sie sich Zeit nehmen für das nächste Ritual, das am besten zum Herbstanfang beziehungsweise innerhalb der darauffolgenden Woche durchgeführt wird.

Herbstritual, 23. September

Ich nehme mir ein bis zwei Stunden Zeit für dieses Ritual und ersuche alle Herbstengel um Hilfe und Unterstützung dabei. Ich gehe in meinen Garten, in die freie Natur oder in einen Park.

Langsam entspanne ich mich, atme tief durch und schaue mich um, was meine Herbstengel für mich vorbereitet haben.

Das kann sein: eine Zwetschge, eine Nuss, die letzte Birne, eine Rosenknospe, ein buntes Blatt mit einer besonderen Form und so fort. Ich suche mir die drei Dinge aus, die mir am besten gefallen, und sage (laut, leise oder im Stillen): »Ich bedanke mich bei meinen Herbstengeln für diese drei Geschenke.«

Wenn ich zu Hause bin, nehme ich Papier und Stift und schreibe auf, was ich in diesem Herbst meinem Körper, meinem Geist und meiner Seele schenken kann, zum Beispiel mehr Pausen einzulegen, etwas zu lesen, statt fernzusehen, mich mit Engeln zu befassen und dergleichen mehr.

Ich lege den Zettel mit den drei Geschenken in eine Schale und lese ihn dreimal täglich über drei Tage hin bewusst laut oder leise. Dann darf ich die Früchte aufessen, die Blätter als Dekoration verwenden oder die Dinge anderweitig verwenden. Das Blatt Papier aber hebe ich mir auf und verbrenne es zum Winterbeginn am 21. Dezember.

Ich bedanke mich bei allen Engeln für ihre Hilfe.

Der Festtag des Erzengels Michael wird auch von der evangelischen Kirche am 29. September gefeiert. Johann Sebastian Bach hat für diesen Tag eine eigene Kantate komponiert: »Es erhub sich ein Streit.« Bach schildert den himmlischen Kampf Michaels mit den Mächten der Finsternis. Seit Michaels Sieg weiß sich der Mensch geschützt vor den »satanischen« Mächten. Das brachte Bach in der wunderbaren Tenorarie »Bleibt, ihr Engel, bleibt bei mir« zum Ausdruck: »Bleibt, ihr Engel, bleibt bei mir! / Führt mich auf beiden Seiten, / dass mein Fuß nicht möge gleiten. /

Aber lehrt mich auch allhier, / euer großes Heilig singen / und dem Höchsten Dank zu bringen. / Bleibt, ihr Engel, bleibt bei mir.«

Die Franziskanerkirche in meiner Heimatstadt Eisenstadt hat für mich eine sehr liebevolle Energie. Es gibt hier auch viele Engelskulpturen und -bilder. Das Altarbild zeigt den Erzengel Michael, der mit Schild und Schwert auf dem Satan steht. Diese Szene wiederholt sich noch einmal in einer sehr großen Skulptur an der linken Wand. Jedes Mal, wenn ich in dieser Kirche sitze, überwältigt mich die unglaubliche Ausstrahlung und Kraft des Erzengels Michael. Ich mache auch öfter folgende Übung, die Ihnen vielleicht ebenso zusagt.

Erzengel-Michael-Ritual (2), 29. September

Jedes Mal, wenn ich mich über etwas aufrege oder ärgere, wenn mir etwas misslingt, ich mich gekränkt fühle oder einfach nur kleinmache, ersuche ich den Erzengel Michael, zu mir zu kommen und diese Energie mit seinem Schwert durchzuschneiden, damit ich davon befreit werde.

Wenn ich Zeit habe, zünde ich eine Kerze an und schließe die Augen, wenn nicht, geht das im Alltag auch einfach so, quasi »nebenbei«.

Ich brauche mich nur darauf zu konzentrieren und die Hilfe zu visualisieren, und ein paar Minuten später merke ich schon, wie sich die negativen Gefühle, Gedanken und so weiter in mir auflösen. Dann bedanke ich mich aber auch von Herzen bei diesem mächtigen Erzengel!

~

Der 2. Oktober ist etwas ganz Besonderes für mich, denn das ist der Tag des Schutzengelfestes. Zu dieser Zeit spüre ich die liebevolle Energie und Gegenwart meines persönlichen Schutzengels Max ganz besonders. Es ist ein Tag, an dem ich mich bei ihm für alles bedanken und mit ihm feiern darf.

Aber wie? Ich sehe ihn ja leider (noch?) nicht. Und auch wenn ich ihn spüre und von seiner realen Existenz überzeugt bin, ich kann ihn ja nicht an der Hand nehmen und mit ihm durch mein Haus tanzen, oder? Warum eigentlich nicht?

Vielleicht geht Ihnen das ähnlich: Sie spüren die Gegenwart Ihres Schutzengels, sehen ihn aber nicht. Jedoch schon Albert Einstein sagte: »Die Vorstellungskraft ist stärker als das Wissen.« Eine Möglichkeit, mit Ihrem Beschützer zu feiern, ist ein Ritual zum Schutzengelfest.

Ritual zum Schutzengelfest, 2. Oktober

Ich brauche für dieses Ritual ein Glas Sekt oder Wein, Musik, Leckereien zum Naschen oder Knabbern. Optimal wäre auch noch die Anwesenheit einiger Freunde, die Verbindung zu ihren Engeln oder Schutzengeln haben.

Ich bereite einen Raum liebevoll und einladend vor, decke den Tisch, indem ich für mich und jeden meiner Freunde je ein Glas und einen Teller richte und extra noch in der Mitte des Tischs ein Glas und einen Teller aufstelle (die beiden Letzteren können anders aussehen und etwas besonders Schönes sein).

Ich dekoriere den Tisch mit Engelservietten und Kerzen und

zünde diese an, wenn alle Gäste da sind und wir uns an den Tisch setzen. Jeder bekommt sein Getränk, auch das Glas in der Mitte des Tischs wird gefüllt.

Ich halte eine kleine Rede, in der ich meine Gäste und ihre Schutzengel von Herzen willkommen heiße, und stoße anschließend mit jedem Einzelnen an – auch mit dem Glas in der Mitte.

Dabei sage ich (das kann man individuell abwandeln): »Prost, mein lieber Max, ich freue mich, dass wir heute hier den Schutzengeltag feiern dürfen. Ich danke dir für alles, was du im letzten Jahr für mich getan hast, und ich wünsche dir und den anderen Schutzengeln eine schöne Feier.«

Meine Gäste folgen meinem Beispiel, und dann geht das Fest los: Wir schmausen, hören Musik, tanzen und so weiter. Unsere Engel feiern mit.

Wenn die Gäste gegangen sind, beende ich die Feier, indem ich die Kerzen lösche.

~

Wenige Heilige haben den Wesenskern und die Botschaft Jesu Christi für das vorbildhafte Leben in Christenheit und Priesterschaft so hell aufstrahlen lassen wie Franziskus von Assisi. Er ist ein Heiliger der Liebe und der Freude, zugleich aber auch der Armut und damit innerer Freiheit. Er hatte Einfachheit und Zuwendung zur Schöpfung sowie Liebe zu allen Geschöpfen und zur Natur in den Mittelpunkt seines Seins gestellt. Deshalb feiern viele Menschen am 4. Oktober den Welttierschutz- oder Franziskustag.

Ich verehre diesen Heiligen wirklich sehr – als »Katzenmutter« und Tierliebhaberin natürlich wegen seiner Tierliebe. Aber was ich genauso aufrichtig bewundere, ist seine

Schlichtheit. Vielleicht könnten wir ja versuchen, bewusst ein wenig von unserem materiellen Ballast abzulegen und einen Hauch von innerer Freiheit zu spüren. Dazu eignet sich das folgende Ritual, das eine Woche lang ausgeführt wird (von Montag bis Sonntag).

Ich-bin-frei-Ritual

Am Montagmorgen ersuche ich alle passenden Engel um Hilfe und Unterstützung, lebe in meinem Alltag wie auch sonst, außer dass ich immer Notizblock und Stift bei mir habe und mir alles aufschreibe, worauf ich verzichten kann: von Materiellem bis hin zu unnötigen Treffen. Ich registriere also alles, was mir Zeit, Energie, Kraft und Luft raubt, womit ich mich abhängig mache oder was mich einengt. Diese Notizen halte ich die gesamte Woche hindurch fest bis zum Sonntagnachmittag.

Am Sonntagnachmittag zünde ich eine Kerze an und werte meine Notizen aus. Ich sehe mir Punkt für Punkt an, was ich aufgeschrieben habe, und überlege, was und wie ich etwas verändern, vereinfachen oder beenden kann. Ich nehme mir Zeit, denn es sind eine Menge Punkte; und es ist mir wichtig, mich von möglichst viel Unnützem zu lösen.

Wenn ich fertig bin, bedanke ich mich bei meinen Engeln und lösche die Kerze.

Am darauffolgenden Montag beginne ich mit der Umsetzung meines Loslösungsprogramms, und nach und nach bekomme ich mehr Luft in meinem Alltag.

Karma ist das universelle Gesetz von Ursache und Wirkung, das die Seele mit vielen Möglichkeiten für ein physisches, geistiges und seelisches Wachstum ausstattet. Jede Seele hat, wenn sie als Mensch wieder auf die Erde kommt, unbewussten Zugang zu den Eigenschaften, geistigen Fähigkeiten und Fertigkeiten, die sie in früheren Leben erworben hat. Jedoch ist auch der Einfluss von sogenannten negativen Verhaltensweisen vorhanden, in denen Hass, Angst, Grausamkeit oder Gier gelebt wurden und die Entwicklung der Seele blockierten.

Es gibt sehr viele Möglichkeiten, wie eine Seele weiterarbeiten und Altlasten auflösen beziehungsweise ausgleichen kann. Wir haben uns aber in erster Linie vorgenommen, in diesem Leben glücklich zu sein und erst an zweiter Stelle die für uns anfallenden und vorgenommenen Aufgaben zu erfüllen.

Jeder von uns hat eine Seelenfamilie, die aus ungefähr tausend Seelen besteht. Sie sind nun nicht alle in diesem Leben in einem Körper hier auf der Erde wie wir, sondern können sich im geistigen Bereich oder anderen Daseinsebenen aufhalten, dort bestimmte Aufgaben erfüllen und sich weiterentwickeln. Das folgende Ritual ist gerade am Allerseelentag, dem 2. November, sehr wirksam, und man kann damit die Verbindung zur geistigen Welt aktivieren.

Seelenfamilienritual, 2. November

Ich bin am Friedhof und stehe vor meinem Familiengrab, es kann aber auch ein anderes Grab sein, oder ich sitze zu Hause vor einer Kerze und stelle mir das Grab vor.

Ich bitte die entsprechenden Engel um Hilfe und Unterstützung, schließe die Augen und spüre, wie sich die Seelen meiner Vorfahren einfinden und einen Kreis um mich bilden. Dabei empfinde ich eine große Wärme und Liebe. Ich genieße diese Energie, fühle mich geschützt und geborgen und lasse mich darin einhüllen.

Ich bedanke mich bei den anwesenden Mitgliedern meiner Seelenfamilie für alles Positive und alles, was für mich und meine Familie hier auf der Erde getan wurde und wird. Ich spüre, wie Liebe, Licht und Wärme stärker werden. Ich bleibe in dieser Energie, solange ich mich darin wohlfühle. Nach und nach löst sich der Kreis auf, und ich verabschiede mich von allen Seelen, die bei mir waren, und bedanke mich bei allen Engeln für ihre Hilfe.

~

> Man sieht die Blumen welken und die Knospen fallen, aber man sieht auch Früchte reifen und neue Knospen keimen.
>
> *Johann Wolfgang von Goethe*

Sankt Martin ist der erste Mann, der als Heiliger verehrt wird, ohne dass er das Martyrium erlitten hat, aufgrund seines christlichen Glaubens getötet worden zu sein. Der heilige Benedikt hat ihm zu Ehren eine Kapelle erbaut. Auch im Volk ist Martin einer der beliebtesten Heiligen. Kinder ziehen am Vorabend des 11. November mit Laternen durch die Stadt. Sie singen Lieder zu Ehren Sankt Martins, in denen sie seine Barmherzigkeit loben und immer wieder die Szene beschreiben, in der er einem armen Bettler seinen halben Mantel schenkte.

Martin reitet an einem kalten Winterabend in die Stadt Amiens. Ein armer, in Lumpen gehüllter Bettler streckt ihm seine Hände entgegen. Martin, der kein Geld bei sich hat, ist von der Blöße des Bettlers berührt, nimmt kurz entschlossen sein Schwert, teilt seinen Mantel in zwei Stücke und gibt die eine Hälfte dem Bettler. In der Nacht erscheint ihm Christus im Traum, bekleidet mit dem Stück seines Mantels. Und er sagt zu dem Engel an seiner Seite: »Martinus, der noch nicht getauft ist, hat mich gekleidet.« Daraufhin lässt sich Martin taufen.

Ich habe einen ganz speziellen Bezug zu Sankt Martin, weil er nicht nur ein großer Heiliger, sondern auch der Namens- und Schutzpatron meiner Heimat, des Burgenlandes, ist.

Vielleicht können wir in diese dunklen Tage des November mehr Liebe und Licht bringen wie der heilige Martin. Ja, ich weiß, Bettlern zu helfen ist sehr umstritten, und es gibt immer wieder Menschen, die aus Misstrauen und schlechten Erfahrungen heraus prinzipiell nichts spenden. Aber ich denke, wenn ich zehnmal etwas von mir aus gebe und es auch nur einmal einem wirklich bedürftigen Menschen hilft, dann hat das Geben schon seinen Sinn erfüllt, vor allem wenn ich gern und von Herzen schenke!

Spendenritual, 11. November

Ich nehme mir mindestens eine Stunde Zeit, ersuche alle Geschenkeengel um Hilfe und Unterstützung und gehe ins Zentrum meiner kleinen Stadt (oder ich fahre in das nächste Shoppingcenter beziehungsweise in die nächstgrößere Stadt).

Ich gehe durch die Fußgängerzone und schaue, ob ich einen Straßenmusikanten, einen anderen armen Mitmenschen oder vielleicht jemanden sehe, der eine Obdachlosenzeitung zum Verkauf anbietet. Bisher hatte ich noch nie das Problem, einen offensichtlich Bedürftigen zu finden.

Sehe ich solch einen Menschen, gehe ich zu ihm und werfe ihm nun nicht einfach das Geld, das ich für ihn bereithalte, in seinen Hut. Sondern ich schaue ihm in die Augen und stelle mich seinem Blick und seiner Not, wenn mir das auch noch so unangenehm sein sollte.

Spricht er mich an, so lasse ich mich auf ein Gespräch ein. Falls nicht, werde ich auch das akzeptieren, ihm das Geld in die Hand geben und von Herzen alles Gute wünschen, vielleicht sogar »Gottes Segen für Sie« sagen.

Wenn ich wieder weitergehe, bitte ich alle Engel, die er braucht, sich an seine Seite zu stellen, ihm zu helfen und ihn in ihre Liebe einzuhüllen.

Dann bedanke ich mich bei meinen Engeln dafür, dass ich etwas geben durfte, und danke auch dem heiligen Martin für seine Liebe und Unterstützung.

Wer nie sein Brot mit Tränen aß,
wer nie die kummervollen Nächte
auf seinem Bette weinend saß,
der kennt euch nicht, ihr himmlischen Mächte.
Ihr führt ins Leben uns hinein,
ihr lasst den Armen schuldig werden,
dann überlasst ihr ihn der Pein:
Denn alle Schuld rächt sich auf Erden.

Johann Wolfgang von Goethe

Dezember

Die Zeit des Advents sollte eigentlich die ruhigste und besinnlichste des Jahres sein. Ist das bei Ihnen so? Leider schaffe *ich* es kaum, sie wirklich bewusst und mit genügend Pausen beziehungsweise Freiräumen zu erleben ...

Daher habe ich mich dazu entschlossen, den Engeln diese Problematik zu übergeben, und sie gebeten, mir die passenden Rituale mitzuteilen, mit denen ich ein wenig Ruhe und Besinnung in diese Wochen bringen und einiges für mich positiv ändern kann. So sind die Adventsrituale entstanden.

Adventsrituale

Die erste Kerze brennt – Ein Ritual für mich

Ich zünde die erste Kerze des Adventskranzes an, bitte meinen Schutzengel, mir zu helfen, und schließe die Augen oder schaue ins Kerzenlicht.

Ich spüre in mich hinein und frage mich, was ich mir gerade jetzt von Herzen wünsche. Dafür nehme ich mir ausreichend Zeit und stelle mir dann vor, dass mein Wunsch bereits erfüllt ist und ich mich darüber freue.

Ich genieße das Gefühl des Glücks und der Freude und nehme es mit, wenn ich die Augen öffne und die Kerze lösche. Ich bedanke mich von Herzen bei meinem Schutzengel für seine Hilfe und seine Unterstützung.

Die zweite Kerze brennt – Ritual für eine Partnerschaft

Ich zünde zwei Kerzen an, bitte alle Engel um Hilfe und Unterstützung und spüre in mich hinein. Es taucht der Name oder das Bild von einem Menschen in meinem Umfeld auf, mit dem ich etwas zu lösen habe.

Wie fühlt sich diese Verbindung an und was braucht diese Person? Ich lasse die Gedanken und Gefühle fließen, und ich kann auch ein inneres Gespräch mit dem oder der Betreffenden führen.

Wenn ich das Gefühl habe, dass alles gesagt ist, hülle ich diesen Menschen in Licht und Liebe, segne ihn und wünsche ihm von Herzen eine schöne Zeit, öffne die Augen und lösche die Kerzen. Ich bedanke mich bei meinen Partnerengeln.

Die dritte Kerze brennt – Ritual für meine Familie oder eine Gruppe

Ich zünde drei Kerzen des Adventskranzes an und ersuche die Engel um Hilfe und Unterstützung. Ich stelle mir meine Familienmitglieder bildlich vor, wie sie sich an den Händen nehmen und einen Kreis bilden, in dessen Mitte ich bin (es dürfen natürlich auch andere Menschen sein, zum Beispiel gute Freunde).

Ich spüre, wie um den Kreis herum eine Woge des Lichts und der Liebe entsteht, die uns alle einhüllt. Wir werden getragen und umflutet von dieser goldenen Energie. Es entsteht eine Einheit und ein wundervolles Gefühl, an das ich mich ab nun immer erinnern kann, wenn ich es will.

Ich umarme jeden Einzelnen und bedanke mich für alles Positive, ich öffne die Augen und lösche die Kerzen. Ich bedanke mich auch von Herzen bei meinen Familienengeln.

Die vierte Kerze brennt – ein Ritual für die Welt

Ich zünde alle vier Kerzen an und bitte die Engel und Helfer um Hilfe und Unterstützung. Ich stelle mir meine Stadt, mein Land, die Erde vor. In meinen inneren Bildern umrundet meine Seele den Globus. Ich imaginiere viel Licht und Liebe, die alles einhüllen, und spüre, wie alle eins werden mit dieser Energie, bis tief in mein Herz.

Alles Dunkle löst sich auf. Weißes und goldenes Licht umfließen mein Haus, meine Stadt, mein Land, unsere Welt. Ich nehme mir ausreichend Zeit, merke mir dieses wunderbare Gefühl und bewahre es in meinem Herzen.

Ich öffne die Augen, lösche die Kerzen und bedanke mich bei allen Engeln, die mir während dieses Rituals geholfen haben.

In der Ostkirche gilt Nikolaus als der größte Heilige. Er kommt dort sogar gleich nach der Gottesmutter Maria. Bei uns ist er sicher jedem Kind bekannt. Sein Festtag ist der 6. Dezember zu Beginn der Adventszeit. Es gibt zahlreiche Nikolausbräuche, die meistens etwas mit dem Schenken zu tun haben. Nikolaus ist der väterliche Mensch, der seine guten Gaben an die Kinder austeilt.

Im Mittelalter waren Wanderstraßen und Schifffahrtswege von Nikolauskirchen gesäumt. Der altgriechische Name »Nikólaos« bedeutet »Sieg des Volkes«, aber auch »Sieger über das Volk«.

Ich liebe den Nikolo, wie wir ihn im Burgenland nennen, und die mit seinem Gedenktag verbundenen Bräuche – mit Begeisterung habe ich Süßigkeiten, Mandarinen, Datteln, Erdnüsse und kleine Geschenke in die Stiefelchen meiner Tochter oder in Jutesäckchen gepackt und am 5. Dezember in der Nacht neben ihr Bett oder auf den Schreibtisch gestellt, sodass sie diese gleich beim Aufwachen erblickte. Das mache ich noch immer, obwohl sie schon ziemlich erwachsen ist, die kleinen Geschenke sind jetzt andere als früher, und es werden auch keine Stiefel mehr befüllt. Ansonsten ist der Brauch bei uns ziemlich unverändert geblieben. Ich persönlich mache jedes Jahr das folgende Herzensgeschenkritual für den Nikolaustag.

Herzensgeschenkritual für den Nikolaustag, 5. Dezember

Am Abend des 5. Dezember fülle ich einen kleinen Korb mit Nikologaben (Nüssen, Orangen, Datteln, Mandarinen, Schokolade, Feigen und so weiter) und stecke auch ein Kuvert mit etwas Geld und ein paar herzlichen Zeilen dazu. Ich lasse viel Liebe und Licht, positive Gedanken und Gebete in mein Geschenk einfließen und ersuche meine Engel und Helfer, mir am nächsten Tag zu zeigen, für wen dieser Korb bestimmt ist.

Am 6. Dezember nehme ich meinen kleinen Korb und gehe oder fahre mit offenen Augen durch meine Stadt, in den Ort, das Dorf oder die Umgebung. Ich bitte meine Engel, mir den Empfänger für mein Geschenk zu zeigen. Das werden sie auch tun: Sei es in einem Seniorenheim, einer Kindertagesstätte – oder auf der Straße, wo ich einen einsamen Menschen finde. Im letzten Jahr waren es die Padres unserer Franziskanerkirche.

Ich übergebe den Korb mit Liebe oder stelle ihn einfach hin und freue mich mindestens genauso wie der Empfänger.

Dann bedanke ich mich von Herzen bei allen, die mich dabei unterstützt haben, und beende das Ritual, indem ich diese Wärme und Liebe in den Advent mitnehme.

~

Nach einer alpenländischen Sage legten sich die Bauern, vor allem die Bergbauern, in der Nacht vom 23. auf den 24. Dezember in den Stall, um ihre Tiere ab Mitternacht eine Stunde lang sprechen zu hören. Denn – so die Überlieferung – in dieser Nacht verstehen die Menschen die Sprache der Tiere. Wenn Sie Ihr Haustier sehr lieben und ein Gespräch mit ihm führen oder es auf der mentalen Ebene verstehen wollen, dann gibt es dafür das Wunderritual.

Wunderritual, 23. Dezember (ab 20.00 Uhr)

Ich ersuche alle zuständigen Engel um Hilfe und Unterstützung, entspanne mich und komme innerlich zur Ruhe. Ich setze mich bequem hin, sodass ich mein Tier sehe (gleich, ob es wach ist oder schläft).

Ich zünde alle vier Kerzen des Adventskranzes an, konzentriere mich auf mein Tier und nehme Kontakt mit ihm auf. Ich stelle eine mentale Verbindung mit ihm her. Wie geht es ihm? Wie fühlt es sich an? Was spüre ich? Nach und nach kommen Gedanken und Gefühle, einzelne Worte oder sogar Sätze in meinem Inneren auf. (Man mag dies belächeln – es funktioniert dennoch, wenn man offen dafür ist. Ich habe dies mehr als einmal so erfahren.)

Ich nehme mir ausreichend Zeit und Ruhe dafür und bleibe in der Konzentration und Verbindung. Möglicherweise werden mir von meinem Tier auch Wünsche und Vorstellungen für das neue Jahr übermittelt.

Wenn ich das Gefühl habe, es ist alles gesagt oder gefühlt, was wichtig ist, bedanke ich mich bei meinem Haustier wie auch bei meinen Engeln, lösche die Kerzen und beende das Ritual.

Natürlich kann ich weiterhin »üben« und die mentale Verbindung regelmäßig stetig aufbauen. Irgendwann ist der Kontakt aber einfach da, und es wird ganz natürlich, dass ich mich mit meinem Tier unterhalte – und ich brauche nicht mehr die Form des Rituals dazu ...!

Die Verbindung mit der Erde und dem Kosmos: Die »All-Einheit« erleben

Mondrituale

Der Neumond ist immer ein guter Zeitpunkt, um alte Energien und Belastungen zu lösen und neu durchzustarten oder einen Neubeginn zu wagen. Wenn ich mir bei bestimmten Themen überhaupt nicht im Klaren bin, was ich eigentlich will oder wie ich weitermache, dann passt das Neumondritual, denn der Neumond klärt viele unserer Angelegenheiten im Innen und Außen. Es ist ein Ritual, das dabei hilft, dass sich Schleier heben.

Neumondritual

Ich setze mich am Abend des Neumonds (der nicht sichtbar sein muss) ans Fenster oder auf den Balkon, schaue in die Nacht hinaus und bitte alle Engel um Hilfe und Unterstützung. Ich zünde eine Kerze an und schließe die Augen.

Was spüre ich in mir an Unklarheiten und Unsicherheiten, an Verzögerungen und Einschränkungen? Diese Themen nehmen Form an.

Ich öffne die Augen, schaue, falls er sichtbar ist, den Mond an und stelle mir vor, dass ein starker Lichtstrahl von ihm ausgeht und sich mit meinem Herzen verbindet. Ich spüre eine klare und wunderbare Energie, die mich durchströmt und alle Schleier und Nebel um mein Herz herum auflöst.

Ich bin nun offen, frei und bereit, alle notwendigen Entscheidungen zu treffen und alles in meinem Leben zu klären.

Ich bedanke mich bei meinen Engeln für ihre Hilfe und beende das Ritual, indem ich die Kerze lösche.

~

Ich weiß nicht, wie es Ihnen bei Vollmond geht. Ich zumindest finde den Vollmond zwar sehr schön und auch romantisch, habe jedoch öfter Schlafprobleme in den Nächten vor dem Vollmond und am Tag, wenn er exakt erreicht wird. Ich bin unruhig und nervös. Was tun? Mir hilft das Vollmondritual.

Vollmondritual

In der Vollmondnacht ersuche ich alle Mondengel um Hilfe und Unterstützung, fülle Wasser in eine Schale, setze mich damit an ein Fenster oder in die Natur, wo ich den Mond gut sehe, und spreche einige Minuten mit ihm. Ich bitte ihn um Kraft und Licht und öffne mich seinen liebevollen Energien.

Ich spüre, wie innere Ängste und Unruhe in mir abfließen, dann trinke ich ein wenig von dem Wasser und bedanke mich bei allen Mondengeln für ihre Unterstützung. Ich beende das Ritual, indem ich meinen Pflanzen und Tieren das Wasser gebe.

Dieses Ritual führe ich an drei aufeinanderfolgenden Monaten jeweils in der Vollmondnacht durch. Dann kann ich wieder tief und gut schlafen.

~

Was können wir tun, um Mutter Erde zu schützen? Was können wir unternehmen, um ihr zu helfen und sie dabei zu unterstützen, dass sie uns weiterhin erhält, trägt und nährt?

Das folgende Schutzritual kann jeder von uns immer wieder machen – in der Natur, im Garten, aber auch in einer Großstadtwohnung. Selbst wenn diese Übung zunächst sehr simpel anmutet, bitte ich Sie, sich einfach darauf einzulassen. Probieren Sie dieses Ritual aus – wir sollten die Wirkung und positiven Antworten einer solchen Bewusstseinsarbeit nie unterschätzen.

Schutzritual für Mutter Erde

Ich schreibe auf einem Zettel auf, was ich persönlich als kleinen Beitrag für die Natur, für Mutter Erde, leisten möchte, zum Beispiel »Ich ernähre mich vegetarisch«, »Ich kaufe nur Eier von Freilandhennen«, »Ich entsorge herumliegenden Müll in meiner Straße«, »Ich trage keine Pelze«, »Ich helfe armen Tieren« oder »Ich pflege vernachlässigte Pflanzen«. Es gibt unendlich viele Möglichkeiten. Diesen Zettel lege ich in einen kleinen Blumentopf und decke ihn mit Erde zu (beziehungsweise vergrabe ihn in der Natur oder im Garten).

Dann zünde ich eine Kerze an und sage (der Text kann gern persönlich angepasst werden): »Mutter Natur, ich bin mit dir in Liebe verbunden, durch dich erweitere ich meine Grenzen, und ich danke dir für alles, was ich durch dich bekommen und erleben darf auf diesem Planeten, auf unserer Erde, auf der wir Menschen leben dürfen. Das ist mein kleiner persönlicher Beitrag an dich, den ich dir von Herzen schenke, um dir ein wenig zu helfen. Ich ersuche alle Engel und Naturgeister, dich zu schützen, und möchte dir damit sagen, wie wichtig du mir bist.«

Ich schließe die Augen und spüre die liebevolle Energie der Erde, auch die Natur, die mich umgibt. Ich bedanke mich bei all meinen Engeln und auch bei den Naturgeistern, dass sie mich, meine Stadt, mein Land und die ganze Welt mit allen Lebewesen so gut beschützen und uns immer begleiten. Ich lasse die Kerze vollkommen ausbrennen.

Ich kann dieses Ritual mit einem anderen Thema oder auch mit dem gleichen immer wieder durchführen, sooft ich etwas Neues einbringen möchte oder das Gefühl habe, es sei an der Zeit, wieder bewusst etwas für die Natur beziehungsweise Mutter Erde zu tun.

Naturwesen

Um Ihnen die nächsten Rituale verständlich machen zu können, muss ich noch einige Hintergrundinformationen zum Thema »Naturgeister« geben, das im vorigen Ritual ja schon angeklungen ist. Die Naturgeister gelten hier auf Erden als fleißige Hände der Engel, hervorgebracht durch die geistige Kraft von Engelwesen. Naturgeister sind feinstoffliche Wesen, die zumeist sehr scheu sind. Sie fürchten Lärm, Verschmutzung und Hektik und ziehen sich schnell zurück, wenn diese auftreten. Sie leben mitten unter uns: in unseren Häusern, Gärten und in der Natur. Sie freuen sich genauso wie unsere Engel, wenn wir sie in unser Leben mit einbeziehen und sie ein wenig Aufmerksamkeit erhalten. Im Winter ziehen sie gern in unser warmes Heim ein. Meine Katzen (die sie natürlich sehen) reagieren dann sehr unterschiedlich. Während Luna, meine kleine grau getigerte Katze, mit ziemlicher Gelassenheit reagiert, verfällt Amor, ihr Bruder, regelrecht in Panik.

Kinder sehen Naturgeister selbstverständlich auch und wissen, dass diese Wesen rund um uns die Pflanzen und Tiere (auch unsere Haustiere) und sogar die Mineralien schützen. Und wenn man dann mindestens drei Katzen hat, die im Haus und Garten unterwegs sind, kann man sich schon ab und zu bei den kleinen Helfern bedanken, dass sie so gut nicht nur auf diese, sondern auch auf alle anderen Tiere und Pflanzen in unserem Garten aufpassen. Dafür können wir uns mit einem speziellen Ritual bedanken.

Dankesritual für Naturgeister

Ich bitte alle zuständigen Gartenengel um Hilfe und Unterstützung, gehe rund um den Garten und streue dabei Tabak oder Süßigkeiten aus – auf jeden Fall etwas ganz Feines –, verbinde mich mit allen Naturgeistern und bedanke mich bei ihnen von Herzen für ihre Hilfe und Unterstützung, ihren Schutz, für alles, was sie positiv erledigen und bewachen – vor allem meine Katzen.

Ich lasse meine Herz- und Liebesenergie zu ihnen fließen, hülle sie darin ein und beende das Ritual mit einem innigen Dank auch an alle anwesenden Engel, die es unterstützt haben.

Ich habe schon einige Male nachgeschaut: Nach einer halben Stunde war von den – nicht wenigen – Schokoladenbonbons kein einziges mehr zu sehen. Auch der Tabak war bisher innerhalb von kürzester Zeit weg!

Tierrituale

Mit Hilfe der Engelenergie kann man sich immer und überall mit jedem Tier verbinden, und der jeweilige Schutzengel oder Naturgeist ist auch immer dabei. Natürlich ist dann eine Kommunikation mit dem Tier – mental oder auch definitiv in einem »richtigen« Gespräch – möglich. Auch wenn das für manche jetzt etwas abgehoben, um nicht zu sagen lächerlich klingt: Die Tiere verstehen uns. Wir brauchen nur eine Verbindung herzustellen und ihnen zu sagen, was wir von ihnen möchten oder erwarten. Sie reagieren sofort, wenn wir uns bemühen und unsere Liebes- und Herzenergie aussenden, die dazu unbedingt notwendig ist. Eine weitere Voraussetzung ist auch, dass wir gerade auf diesem Gebiet in unser inneres Urvertrauen gehen und definitiv daran glauben.

Ich liebe Tiere sehr (ziemlich alle mit ganz wenigen Ausnahmen), und es ist mir wirklich sehr wichtig, Ihnen die folgenden Tierrituale und -übungen ans Herz zu legen. Alles, was ich jetzt mit Liebe weitergebe, habe ich genau so erlebt. Am besten beginnen Sie mit der Stubenfliegenübung.

Stubenfliegenübung

Die Fliege zieht ihre Kreise in meinem Wohnzimmer und macht mich nervös. Also bitte ich den Naturgeist der Fliege und meinen Schutzengel um Hilfe und Unterstützung.

Ich stelle mich zum Fenster, öffne es und konzentriere mich auf die Fliege. Ich nehme mental mit ihr Kontakt auf, indem ich ihr sage, dass das Fenster neben mir offen ist und sie dadurch wieder ins Freie kommt.

Ich nehme mir, vor allem am Anfang, dafür Zeit und Ruhe und beobachte, wie sich die Fliege in immer kleiner werdenden Kreisen dem Fenster nähert, bis sie letztendlich durch das Fenster in die Freiheit fliegt.

Ich bedanke mich bei unseren beiden Helfern und kann mich wieder auf meine Arbeit konzentrieren.

Sie lachen? Probieren Sie's aus – es funktioniert tatsächlich! Es ist reine Übungssache, geht von Mal zu Mal schneller, und man wird sicherer. Das Gleiche funktioniert natürlich auch mit Wespen, Bienen, Hornissen, Mücken und anderen Insekten. Es wäre vollkommen unnötig und sehr schade, wenn wir ein Tier einfach töteten, sei es noch so klein und scheinbar »unbedeutend«.

In unserem Haus wurde zum Beispiel um- beziehungsweise ausgebaut. Dabei wurde eine Terrasse zu einem Raum umfunktioniert. Das Einzige, was uns noch daran hinderte, waren die Hornissen, die sich genau in diesem Raum gemütlich eingenistet hatten, und zwar mehrere Familien – also nicht wenige Tiere. Entgegen der Meinung meiner lieben Mitmenschen und trotz entsetzter Mahnungen wie

»Die musst du vergiften, anders wirst du sie nicht los« war ich der festen Überzeugung, diese Tiere auf sanfte Art zum Übersiedeln bewegen zu können. Folglich machte ich ein »Umzugsritual«.

»Umzugsritual« für Hornissen

Ich ersuche meine Engel und die Naturgeister der Hornissen um Hilfe und Unterstützung, nehme eine Woche (möglichst bei abnehmendem Mond) Kontakt zu den Tieren auf, öffne mein Herz und hülle sie in liebevolle Lichtenergie ein.

Ich sage ihnen (mental oder laut), was ich nicht mehr will, zum Beispiel, dass sie hier weiterhin wohnen, weil ja jetzt ein zusätzlicher Raum gebaut wird und sie bis Ende August Zeit haben, um auszuziehen. Ich biete ihnen aber auch eine Lösung an: den idealen Lebens- und Wohnbereich für sie. Und verspreche ihnen zu helfen, so weit es mir möglich ist.

Das mache ich an sechs aufeinanderfolgenden Abenden und visualisiere das Ergebnis – den Umzug der Hornissen.

Am siebten Abend entzünde ich drei Räucherstäbchen unter dem Nest und lasse die Räucherstäbchen ganz abbrennen. Dabei bedanke ich mich bei den Tieren dafür, dass sie mit mir zusammenarbeiten und auch selbst bemüht sind, eine Lösung zu finden.

Ich bedanke mich bei allen Engeln und Naturgeistern für die Hilfe und Unterstützung.

Wenn man noch in der Übungsphase ist, kann man das Ritual beim nächsten abnehmenden Mond wiederholen – bei mir sind die Hornissen tatsächlich bis Ende August umgezogen. Nachzügler waren dann noch bis zum 3. September unterwegs, dann war das Nest leer! Das Gleiche funktionierte bei Läusen auf meinen Rosen (da hat mir dann aber auch Lavendel geholfen, den ich gepflanzt hatte) und bei Käfern auf meinem Efeu, ebenso bei Ameisen in der Küche.

Sollten die kleinen Störenfriede nicht sogleich weichen und unsere Wünsche ignorieren, dann gibt es extra noch das Schädlingsritual.

Schädlingsritual

Ich stelle eine Verbindung über die Herzenergie her und gebe den Tieren einen gewissen Zeitraum, um sich von der Pflanze zu entfernen – natürlich wieder mit Hilfe aller Engel und Naturgeister.

Sollten die Tiere diese Zeit nicht nutzen, um meine Pflanzen zu verlassen, aktiviere ich (wieder über die Seelenverbindung) ihre natürlichen Feinde, die in meinem Garten leben. Das funktioniert auch am Balkon oder in der Landwirtschaft – ich muss dafür auch kein Biologe sein. Zum Beispiel sind die Marienkäfer die natürlichen Feinde gewisser Blattlausarten.

Die Liebes-, Licht- und Herzenergie funktioniert auch hier *immer*, zumindest bei mir. Also ist es auch für Sie sicherlich einen Versuch wert, oder?

Hier noch ein Beispiel, natürlich auch selbst erlebt, nämlich bei einer sehr hartnäckigen und natürlich mehr als lästigen Nacktschneckeninvasion. Ich nenne es das »Fresslinienritual«. Laufenten sind natürlich auch eine Lösung für die Schneckenplage, aber auf Dauer effizienter und liebevoller ist sicherlich dieses Ritual.

Fresslinienritual

Wenn ich eine Böschung oder einen anderen Bereich vor den Schnecken schützen will, ziehe ich eine imaginäre Linie vor meinem geistigen Auge, ersuche alle Engel und Naturgeister um Hilfe und Unterstützung, zünde um diesen Bereich drei Räucherstäbchen an, die ich vollkommen ausbrennen lasse, und richte dort jeden Abend etwa einen Meter davor etwas Futter (zum Beispiel Katzenfutter).

Ich verbinde mich mental mit den Schnecken und teile ihnen gedanklich oder laut mit, dass das Futter für sie ist und ihnen gehört, aber auch die Grenze markiert, die nicht überschritten werden darf!

Ich visualisiere, dass die Schnecken diese Grenze nicht »übertreten«, und errichte eine mentale Lichtsperre, die von den Naturgeistern bewacht wird. Das kann man sich sehr bunt ausmalen.

Nach einer Woche spielt sich das (zumindest bei mir) im Normalfall ein; und ich füttere in weiterer Folge, solange noch Schnecken auftauchen, jeden zweiten Abend weiter.

Dann bedanke ich mich bei allen Engeln und Naturgeistern für ihre tolle Unterstützung, ohne die ich es sicherlich nicht geschafft hätte, und auch bei den Tieren für die Zusammenarbeit.

Gemeinschaft und Frieden: Das Ich erweitern

Bevor ich anfing, dieses Buch zu schreiben, nahm ich mir erst einmal die *Engelkarten* von Jana Haas zur Hand (siehe Literaturverzeichnis). Sie ist eine hellsichtige Engelbotschafterin und ein wunderbarer Mensch mit einer sehr klaren und liebevollen Ausstrahlung. Ich fragte meine Engel, was ich bei meiner Arbeit beachten sollte und was genau wichtig sei für die Menschen, die dieses Buch interessiert. Die Botschaft lautete: Erzengel Raphael bringt Heilung durch Mitgefühl. Nimm auch selbst Hilfe an. Sei dankbar für eine Hand, die dir helfen möchte. Es gibt eine lichtvolle Chance: Glück und Erfüllung wird möglich durch das Erleben von Gemeinschaft und Frieden mit Familie und Freunden. Im Austausch in der Gemeinschaft kann sich eine natürliche Balance zwischen Geben und Empfangen praktisch wie von selbst entwickeln. Das ist auf vielschichtige Weise heilsam.

In dem Moment, als diese Kartenbotschaft vor mir lag, wusste ich, dass ich auf dem richtigen Weg war, was dieses Buch und die Themen betraf, und dass eigentlich gar nichts schiefgehen konnte. Wenn ich den Erzengel Raphael an meiner Seite habe mit seinem grünen Lichtstrahl, der die Menschen heilt und tröstet, was soll dann noch passieren?

»Mitgefühl zulassen« und »Hilfe annehmen« sind weitere Themen, ebenso ein ausgewogenes Verhältnis von Geben und Nehmen, aber auch, dass man sich selbst erlaubt, wieder glücklich zu sein und ein erfülltes Leben in der Gemeinschaft zu haben. Ich denke, all das ist ebenso wirklich in den Engelritualen »verpackt«, und jeder kann sich das heraussuchen und anwenden, was er auch wirklich braucht.

Ist es mit der eigenen Familie schon nicht immer unbedingt leicht auszuhalten, braucht man sich nicht zu wundern, wenn man mit der Familie des Partners noch mehr aufzulösen hat. Leider gibt es immer wieder Probleme, Differenzen, Missverständnisse mit einzelnen Familienmitgliedern. Sollte das bei Ihnen der Fall sein, dann können Sie zum Neumond folgendes Ritual machen.

Neumond-Liebe-schicken-Ritual

Wie immer bitte ich die passenden Engel um Hilfe und Unterstützung, stelle mir das für mich schwierige Familienmitglied möglichst real vor und schicke ihm viel Liebe und positive Gedanken.

Ich bitte den Erzengel Raphael mit seinem grünen Heilstrahl für Heilung und Frieden, sich mit dem Schutzengel der betreffenden Person zu verbinden, zünde eine Kerze an und spreche laut einen positiven Wunsch für sie aus.

Zum Beispiel: »... (Name), ich wünsche dir von Herzen Gesundheit, Glück und Liebe und dass zwischen uns Friede, Harmonie und Verstehen fließen.«

Der Wunsch sollte tatsächlich aus dem Herzen kommen, ehrlich gemeint und mit Liebe gesprochen werden.

Wenn ich das Gefühl habe, dass alles an Liebe bei dem betreffenden Menschen angekommen ist und er es auch angenommen hat, lösche ich die Kerze, bedanke mich bei allen Engeln und beende das Ritual. Bei Bedarf kann ich das an den nächsten zwei Neumonden wiederholen.

> Halte dich fest an Gott.
> Mache es wie der Vogel,
> der nicht aufhört zu singen,
> auch wenn der Ast bricht.
> Denn er weiß, dass er Flügel hat.
>
> *Don Bosco*

Ich habe es mir abgewöhnt, regelmäßig die Nachrichten anzuhören beziehungsweise anzuschauen, denn ich bin der Meinung, was wirklich wichtig ist, werde ich von meinem Umfeld erfahren, und ich erspare mir dadurch die täglichen, fast nur negativ besetzten Botschaften. Solange es keine Informationssendungen gibt, die überwiegend über Positives oder zumindest ausgewogen berichten, werde ich das auch weiterhin so halten.

Aber Kriege, Terror und Gewalt kann man natürlich nicht aus der Welt schaffen, indem man Berichte darüber ignoriert. Was können wir also tun, um diesen schrecklichen Themen etwas Positives entgegenzustellen? Ich mache das Friedensritual.

Friedensritual

Für dieses Ritual brauche ich eine große weiße und fünf kleinere farbige Kerzen. Ich ersuche alle Friedensengel, mich bei diesem Ritual zu unterstützen, stelle die weiße Kerze auf einen selbstgezeichneten Engel und sage: »Ich bitte alle Engel, uns Menschen dabei zu helfen, dass wir in Frieden leben.«

Ich stelle die fünf kleineren Kerzen rund um die weiße und sage: »Ich bitte die zuständigen Engel um Frieden für alle Menschen in Europa ...« (Ich zünde eine der fünf Kerzen an.)

»In Afrika.« (Ich zünde die zweite Kerze an.)

»In Asien.« (Ich zünde die dritte Kerze an.)

»In Amerika.« (Ich zünde die vierte Kerze an.)

»Und in Australien.« (Ich zünde die letzte Kerze an.)

Ich schaue in die sechs Flammen und stelle mir vor, wie die ganze Welt voller Frieden, Licht und Liebe ist. Es bildet sich ein Strahlen rund um die Weltkugel, das alle Lebewesen einhüllt. Es herrscht uneingeschränkter Frieden auf der Welt.

Ich beende das Ritual, indem ich die fünf kleineren und zum Schluss die größere weiße Kerze lösche und mich bei allen Friedensengeln herzlichst bedanke.

Jeden Freitagnachmittag haben meine Freundin Eveline und ich zwei Stunden unser kleines Seminarzentrum »Engellicht« in Eisenstadt geöffnet. Immer wieder finden sich dann einige Menschen, mit denen wir eine sehr lichtvolle Engelübung machen können, die vielleicht auch für Ihren geistigen Kreis geeignet ist, ein »Gruppenritual«.

Gruppenritual

Wir stellen einen Sesselkreis, bitten alle Gruppenengel um Hilfe und Unterstützung, und wenn alle das mögen, ertönt leise eine sanfte Hintergrundmusik. Wir fassen uns an den Händen und schließen die Augen.

Es entsteht eine sehr starke und liebevolle Energie, und nach einiger Zeit spricht jeder von uns – einer nach dem anderen – einen Wunsch für unsere Gruppe und für alle Menschen aus. Wir fühlen diesen Wünschen nach und stellen uns ihre Verwirklichung vor.

Langsam lösen sich die Hände, und wir bedanken uns bei allen Gruppenengeln für ihre liebevolle Unterstützung und alles Positive.

Wir beenden das Ritual, indem wir alle Wünsche auf ein Blatt Papier schreiben und dieses im Seminarraum bis zum nächsten Gruppenritual aufhängen.

6. Engelrituale speziell für Frauen

Die folgenden Engelrituale sind natürlich nicht ausschließlich für Frauen geeignet, sondern auch für interessierte Männer, die offen sind für die Engelenergie. Sie besitzen eine sehr starke Wirkung, die (wie schon an anderer Stelle gesagt) vielleicht nicht immer das trifft, was wir verstandesmäßig erwarten, aber auf jeden Fall genau aufzeigen, was in unserem Alltag sichtbar oder verändert werden sollte und was eigentlich das Thema oder der »Knackpunkt« ist, der Ansatzpunkt für eine notwendige Transformation.

Ich bin ganz Frau: Mein Frausein erleben und vertiefen

Jede Frau trägt in diesem Leben eine besondere Kraft in sich: die Urfrau – ein Potenzial, das man als »altes Wissen«, »Intuition«, aber auch als »Bauchgefühl« bezeichnen kann. Die Urfrau in mir sagt mir, wo ich nur noch funktioniere oder im »Hamsterrad des Alltags« laufe. Sie macht mich aufmerksam auf Fallen und Gefahren, auf Einschränkungen und Belastungen. Sie zeigt mir neue Wege und flüstert mir kreative Ideen und ungewöhnliche Vorschläge zu. Und vor allem: Die Urfrau schreit auf, wenn ich nur noch nach dem Kopf, also gegen mein Gefühl handle, wenn Körper, Geist und Seele nicht mehr miteinander verbunden sind.

Sie gibt mir einen mental-seelischen »Schubs«, wenn ich festgefahren bin und endlich einen Neubeginn oder eine Veränderung wagen sollte. Sie ist das erste Gefühl, worauf ich nicht immer höre und es dann später bedaure. Und sie spricht laut und deutlich in mir, wenn ich ratlos bin oder vor Entscheidungen stehe. Ich höre sie, wenn ich die Flucht in rastlose Aktivitäten unterbreche, wenn ich mich selbst bremse und zur Ruhe komme, mich entspanne und in meine innere »Höhle« zurückziehe. Dann finde ich zurück zu meinem Ursprung, zu meinem Ich, zu mir.

Eine intensive Auseinandersetzung mit solchen Themen kann man bei Clarissa Pinkola Estés nachlesen, und zwar in ihrem Werk *Die Wolfsfrau* (siehe Literaturverzeichnis). Dieses Buch hat mich auch zum nächsten Ritual inspiriert. Mit ihm konnte ich damals meinen ursprünglichsten Anteil in mir aktivieren. Wenn Sie das auch möchten, probieren Sie es aus.

Urkraftritual

Ich brauche für dieses Ritual mindestens einen halben Tag Zeit und Ruhe für mich und sollte es allein und ohne Ablenkung durchführen können. Außerdem brauche ich: mein Lieblingsessen, meine Lieblingsmusik und meinen Lieblingsplatz draußen oder in meinem Heim.

Ich ersuche alle Engel um Hilfe und Unterstützung, vor allem die Urkraftengel, setze mich an den Tisch oder auf den

Boden und genieße mein Lieblingsessen, anschließend lege ich mich auf einen bequemen Platz und schließe die Augen.

Ich gehe vollkommen in die Ruhe, schalte alles aus, leere meinen Kopf, fühle mich so richtig wohl und spüre in mich hinein; ich darf auch einschlafen.

Wenn ich völlig ausgeruht bin, stehe ich wieder auf und schalte meine Lieblingsmusik ein. Ich fange an, mich dazu zu bewegen, und lasse durch die Musik und Bewegung alles abfließen, was mich belastet. Ich lebe alle Emotionen, egal, ob negativ oder positiv. Ohne darüber nachzudenken, findet mein Körper den Rhythmus und die Bewegungen, die ich jetzt brauche, um mich von allem zu lösen.

Dabei darf ich natürlich auch mitsingen, weinen, schreien, heulen ... halt alles, was so da ist an Emotionen, auch wirklich zum Ausdruck bringen! Das mache ich so lange, bis ich das Gefühl habe, ich sei innerlich völlig »leer«.

Dann gehe ich zu meinem Lieblingsplatz in der Natur oder in meinem Zuhause, setze mich auf den Boden und schließe die Augen.

Ich spüre, wie ich mich mit allem fülle, was ich brauche und was jetzt wichtig ist: mit neuen Energien, mit altem Wissen, mit kreativen Ideen, guten Gefühlen, inspirierten Plänen. Alles ist da, und ich erkenne mich ganz klar. Ich spüre alles, was bisher in mir nur geschlummert hat; ich kann es nun aktiv umsetzen.

Ich beende das Ritual, indem ich mich bei allen Engeln für ihre Hilfe und Unterstützung bedanke.

Dieses Ritual klingt für manche Leserin unter Umständen etwas »abgehoben«, aber es ist einen Versuch wert! Sie werden sich wundern, was es alles bewirkt und was man nachher wieder ganz neu spürt – vor allem bei sich selbst. Sie können es natürlich auch nach eigenen Ideen und Themen abändern, zum Beispiel im Mondlicht tanzen oder malen, statt zu tanzen.

Voraussetzung dafür, dass ich innerlich wieder »rund« bin, mich als Frau annehmen kann und Eigenliebe lebe, ist, dass meine drei »inneren« Frauen – mein Kind, mein Mädchen und meine Frau – miteinander verbunden sind und jede der drei durch mich wirken und sich weiterentwickeln darf. Dabei hilft das Drei-Frauen-Ritual, das ich mindestens einmal im Jahr durchführe.

Drei-Frauen-Ritual

Ich bitte den Engel der Eigenliebe und den Engel der Verbindung um Hilfe und Unterstützung. Ich nehme eine weiße, eine rosa und eine rote Kerze (alle eher hoch und schlank) und zünde alle drei an. Dabei sage ich (in dieser Reihenfolge) jeweils: »Du bist mein Kind (weiße Kerze), du bist mein Mädchen (rosa Kerze), und du bist meine Frau (rote Kerze).«

Ich bitte alle zuständigen Engel, diese drei Frauen zu verbinden und zu einer Einheit zusammenzuführen. Dabei halte ich alle drei Kerzen aufrecht mit beiden Händen und verbinde langsam die drei Flammen, sodass sie gemeinsam als eine Flamme brennen beziehungsweise dass sich die drei Flammen zu einer großen verbinden.

Dazu spreche ich: »Ihr drei Frauen seid nun miteinander verbunden. Bitte helft mir, mein Leben so zu leben, dass es passend und gut für mich ist.«

Wenn ich das Gefühl habe, dass meine drei inneren Frauen vollständig verbunden sind, lösche ich die Kerzen. Dann bedanke ich mich bei allen anwesenden Engeln für ihre Hilfe und Unterstützung.

Wenn interessierte Männer dieses Ritual machen wollen, dann verbinden sie den inneren Knaben, den Jüngling und den Mann – die Kerzen sind dann weiß, hell- und dunkelblau. Man(n) sagt nun: »Du bist mein Knabe, mein Jüngling, mein Mann«, und führt das Ritual wie beschrieben fort.

Ich erlebe Zeiten, in denen ich nicht weiß, wo ich anfangen soll, und spüre, wie ich aufgrund von Stress und Druck »neben mir stehe« – mich selbst nicht mehr fühle. Sie kennen solche Zeiten sicher auch aus Ihrem Alltag. Die nächste Übung hilft, wieder zur Ruhe zu kommen, meine seelische Mitte zu finden – es ist eine Art kleine »Zwischenmeditation«, eine Übung, um in sich selbst hineinzuhören.

In-sich-hineinhören-Übung

Ich bitte meine Engel um Hilfe und Unterstützung, suche mir einen ruhigen und angenehmen Platz (es kann auch ein Kraftplatz sein: eine Kirche, Kapelle, die Natur, der Garten oder dergleichen). Ich setze oder lege mich dort hin und komme zur Ruhe. Dafür nehme ich mir ausreichend Zeit. Es sollte wirklich sehr ruhig sein im Umfeld, auch keine Musik oder andere Ablenkungen geben.

Dann spüre ich in mich hinein und beobachte, was ich empfinde, alles, was jetzt kommt: Gedanken, Bilder, Gefühle –

vielleicht auch ein Lösungsansatz, wenn es um ein Problem geht ...

Ich lasse mich fallen, spüre meine Seele, meine Engel, mein inneres Kind. Ich schalte möglichst alle Wertungen und alles Denken ab und mache den Kopf frei und »leer«. Ich nehme mir Zeit; nach und nach tauchen Botschaften meiner Seele und aus dem geistigen Bereich auf. Ich empfange sie und nehme sie liebevoll an, ich werde immer ruhiger und ausgeglichener.

Wenn ich mich so richtig wohlfühle, beende ich die Übung, indem ich mich bei allen Engeln und Helfern bedanke und mir Zeit nehme, in den Alltag zurückzukehren. Bei Bedarf kann ich diese Übung jederzeit wiederholen.

Als mein spiritueller Weg begann, erlebte ich einen starken Neubeginn – fast in jeder Beziehung! Eigentlich blieb kein Stein auf dem anderen, und ich musste vieles umstrukturieren: an alten Mustern, toten Energien, aber natürlich auch im »Außen« bei meinem Umfeld und in Hinblick auf meinen Körper. So ist ein spezielles Ritual entstanden, das ich »Alter Körper/neuer Körper« nenne.

Ritual »Alter Körper/neuer Körper«

Ich bitte alle Engel um Hilfe und Unterstützung, zeichne meinen Körper (ein Strichmännchen genügt völlig) auf ein Blatt Papier, schneide meinen (symbolischen) Körper aus und bedanke mich bei ihm von Herzen, dass er mir so gut gedient, mich nicht im Stich gelassen und sich mit mir weiterentwickelt hat, auch wenn ich nicht immer gut zu ihm war –

ich brauche nur an meinen Schokoladenkonsum oder andere Angewohnheiten zu denken ...

Ich verabschiede mich von ihm und lege ihn in ein kleines Grab in meinem Garten oder in eine Schachtel und decke ihn mit Erde zu, ich zünde ein Grablicht an und stelle mir vor, dass mein alter Körper in Licht und Liebe gehüllt wird.

Ich verabschiede mich noch einmal von ihm und lasse ihn mental vollkommen los. Dabei spüre ich, dass sich nun die Kraft meines neuen Körpers entfalten kann wie nach einer Häutung oder Runderneuerung.

Wenn ich mag, kann ich das Grab noch schmücken, aber auf jeden Fall lasse ich das Grablicht vollkommen ausbrennen. (Sollte es inzwischen schon ausgegangen sein, dann wiederhole ich das Ritual eine Woche später.)

Anschließend werfe ich die Schachtel weg beziehungsweise löse das Grab im Garten auf. Ich bedanke mich bei allen Engeln und beende das Ritual. Nun kann ich voller Energie und Freude in eine neue Phase starten und alles Alte hinter mir lassen.

Frau und Partner: Herz und Seele verbinden

In diesem Abschnitt stelle ich Ihnen drei Rituale vor, die Herz und Seele in der Partnerschaft beziehungsweise für die Beziehung verbinden lassen. Sie eignen sich auch, wenn ich das Herz eines geliebten Menschen gewinnen oder eine bereits bestehende Liebe vertiefen möchte. Und sie passen gut, falls man das Gefühl hat, dass eine Beziehung »eingefahren« oder fade geworden ist.

Um neue Energie und Schwung in die Partnerschaft zu bringen, hilft das Wachstumsritual. Ich kann es in der Natur, aber auch auf dem Balkon oder im Wohnzimmer durchführen.

Wachstumsritual

Für dieses Ritual benötige ich eine Blumenzwiebel, Erde und einen Blumentopf. Ich bitte alle Engel, die ich für dieses Ritual brauche, um Hilfe und Unterstützung, schreibe den Namen meines (schon bestehenden oder gewünschten) Partners auf einen Zettel, lege diesen mit der Blumenzwiebel in den Topf und decke alles mit Erde zu.

Ich berühre täglich die Erde, die die Zwiebel und den Zettel bedeckt, und denke an diesen Menschen. Ich spüre Liebe und alles Positive ihm gegenüber, ich sage ihm in Gedanken, was ich mir für die gemeinsame Zukunft vorstelle und wünsche. Dabei visualisiere ich, wie unsere Liebe jeden Tag ein Stückchen mehr wächst.

Ich schicke diesem Menschen die rosafarbene Liebesenergie des Erzengels Chamuel und hülle ihn damit ein. Ich bedanke mich natürlich täglich bei allen Engeln für ihre Hilfe und Unterstützung.

Wenn die Knolle treibt, kann ich davon ausgehen, dass mein Wunsch erfüllt wird. Blüht die Pflanze später sogar, kann ich das als gutes Zeichen für diese Beziehung nehmen. Falls nicht, sollte ich mir vielleicht einmal überlegen, ob ich mir eine Partnerschaft wirklich wünsche und dafür auch offen und bereit bin, sie zu aktivieren oder zu vertiefen.

Wenn Sie sich nicht sicher sind, ob eine Partnerschaft noch passt oder ob Sie sie lösen sollen, falls Sie das schon seit längerer Zeit überlegen und nicht wissen, ob Sie sich dabei etwas einbilden oder nicht, eignet sich das nächste Ritual, um ein Zeichen »von oben« zu bekommen. Wenn ich mich selbst schwertue, wirklich auf mein Herz, auf meine Intuition, mein Gefühl zu hören, dann vertraue ich auf meine Partnerschaftsengel und führe dieses Ritual durch.

Zeichenritual

Ich bitte alle Partnerschaftsengel um Hilfe und Unterstützung, nehme ein kleines (nicht zu wertvolles) Geschenk meines Partners und lege es in einer schönen Schatulle oder Schachtel an einen ruhigen Platz.

Ich schreibe auf einen Zettel alles Positive und alles Negative dieser Partnerschaft, sozusagen eine Pro-und-kontra-Liste. Diese lege ich ebenfalls in die Schatulle oder Schachtel. Dazu stelle ich eine Grabkerze, zünde sie an und spreche: »... (Namen des Partners), ich weiß nicht, ob ich noch mit dir zusammenleben kann, und ich bitte alle Engel um ein Zeichen, ob diese Beziehung noch positiv ist und weiter wachsen kann oder ob ich sie beenden sollte. Bitte gebt mir einen klaren und gut verständlichen Hinweis. Danke.«

Ich lasse die Kerze ausbrennen und gehe die nächsten Tage mit offenen Augen und Ohren durch meinen Alltag.

Ein Hinweis wäre, dass die Kerze ausgeht oder sie jemand löscht. Es mag aber natürlich auch etwas ganz anderes geschehen. Es kann sich ja zum Beispiel auch beim Partner etwas ereignen, und ihm wird einiges bewusst. Ich lasse das alles auf mich zukommen, lebe meinen Alltag sehr bewusst und im Jetzt.

Nehmen wir an, wir sind mit unserem Partner zwar zufrieden, trotzdem nicht wirklich glücklich, und es hängt mehr mit uns zusammen als mit ihm, weil wir uns selbst blockieren. Indem wir vieles nicht aussprechen, einiges zudecken, oft zu mutlos sind, unsere wahre Meinung zu sagen, oder uns mit anderen Themen oder Mustern einschränken. Wenn wir solche Muster lösen wollen, damit wir offen, frei und unbeschwert unsere Beziehung führen können, so lassen sich solche »Altlasten« mit der Feuerübung auflösen, die ich einmal in der Woche über drei Wochen hinweg mache.

Feuerübung

Für diese Übung brauche ich ein Blatt Papier, einen Stift und eine feuerfeste Schale. Ich ersuche die Engel des Muts und des Neubeginns um Hilfe und Unterstützung, schreibe alles auf ein Blatt Papier, was ich loswerden beziehungsweise an mir ändern möchte, mache eine kleine Feuerstelle in meinem Garten oder in der Natur oder nehme die feuerfeste Schale und zerreiße das Papier in kleine Stücke, die ich auf die Feuerstelle oder in die Schale lege.

Ich zünde die Papierschnitzel an und spreche dabei die folgenden Worte: »Ab nun sage ich offen und ehrlich alles, was mich bewegt oder bedrückt und was ich ändern möchte. … (Name des Partners), du bist es mir wert, dass ich dir mit vollkommener Aufrichtigkeit und Stimmigkeit begegne und alles denken, sagen und tun darf, was für mich gerade wichtig und richtig ist. Ich danke dir dafür, dass ich so sein darf, wie ich in meinem tiefsten Inneren bin. Ich liebe dich.« (Natürlich kann es je nach Thema und Wortwahl auch ein anderer und für Sie passenderer Text sein!)

Wenn alles verbrannt ist, bedanke ich mich bei allen Engeln und verstreue die Asche in der Natur oder streue sie auf meine Topfpflanzen.

So komme, was da kommen mag!
Solang du lebest, ist es Tag.
Und geht es in die Welt hinaus,
wo du mir bist, bin ich zu Haus.
Ich sehe dein liebes Angesicht,
ich sehe die Schatten der Zukunft nicht.

Theodor Storm

Mutter und Kind:
In der Entwicklung getragen werden

Es gibt drei Gebete, die ich im Laufe der Jahre entwickelt habe. Sie sind mir ans Herz gewachsen und haben sich als sehr hilfreich in der Lichtarbeit mit Engeln erwiesen. Diese Gebete möchte ich an den Anfang dieses Abschnitts stellen, bevor wir zu den Ritualen gelangen.

Drei Gebete für mein Kind

Das erste Gebet

Geliebtes Kind, mein wertvollster Schatz:
Ich bete für dich und deinen Lebensweg.
Ich bete um deine Freiheit,
immer nach deinem Gefühl
und deinem Herzen zu entscheiden.
Ich bete für deinen Mut,
deine ganz persönliche Erfahrung
und Entwicklung zu machen.
Ich bete, dass alle Engel und Wesen,
die du an deiner Seite brauchst,
dir helfen, dich begleiten
und dich immer wieder ein Stück tragen.

Das zweite Gebet

Geliebtes Kind, mein größter Schatz:
Von Herzen bitte ich deine Schutzengel,
dir Urvertrauen und Geduld,
Seelen- und Heilkraft zu geben.
Sie sollen dich bei deiner Heilung
mit ihrer goldenen Lichtenergie
auf ihren Flügeln tragen,
dich schützen und liebevoll
in die vollkommene Gesundheit geleiten!

Das dritte Gebet

Geliebtes Kind, mein liebster Schatz:
Deine Feen bitte ich um einen luftigen Hauch,
der dein Denken durchzieht.
Deine Engel bitte ich um Liebesenergie,
die dein Herz von allem Dunkel befreit, und
deine Erdgeister bitte ich um Blumen,
die deine Seele wieder aufblühen lassen,
sodass alle deine Ängste sich auflösen
und du wieder unbeschwert und fröhlich bist.

Kommen wir nun zu drei Engelritualen für die gute Beziehung zwischen Mutter und Kind. An anderer Stelle hatte ich Ihnen schon erzählt, dass meine Tochter ein ausgesprochenes »Ritualkind« war. Auch noch während ich diese Zeilen schreibe, sie ist jetzt neunzehn Jahre jung, sind ihr Rituale wichtig. Das war nicht immer entspannend für mich, gab ihr aber eine sehr große Sicherheit und ein Gefühl der Zufriedenheit und des Wohlbefindens. Nach und nach hat sich diese Regelmäßigkeit (die mich durchaus auch etwas »einengte«, zum Beispiel das tägliche straffe Abendritual) zu gemeinsamen Fixpunkten umgestaltet, die uns beiden wichtig und lieb geworden sind und die wir heute nicht mehr missen wollen.

Hier deshalb ein persönliches Beispiel für ein Alltagsritual, das Ihnen und Ihrem Kind (gleich, welchen Alters) vertraute Nähe und auf längere Sicht hin auch eine stärkere Basis und Gemeinsamkeit bringen wird.

Mutter-Kind-Ritual

Ich vereinbare mit meinem Kind einen Tag in der Woche, an dem wir in seine Lieblingspizzeria oder ein anderes Lokal gehen und uns Zeit für ein feines Mittagessen nehmen. Ich lade alle passenden Engel zu diesem Treffen ein und bitte sie um Hilfe und Unterstützung.

Diese Zeit gehört nur meinem Kind und mir, und es wird alles besprochen, was in der letzten Woche vorgefallen ist. Wir haben Zeit, uns wirklich in Ruhe zuzuhören.

Es können Lösungen für kleine oder größere Probleme gefunden werden, oder es wird einfach »getratscht«, gelacht und diskutiert. Auch Missverständnisse und kleine Ärgernisse werden gelöst. Oder man genießt einfach das gute Essen und spürt den anderen. Kalorienzählen ist streng verboten und eine Nachspeise fast Pflicht.

Natürlich geht das auch im Café oder bei einem Spaziergang (jeder isst ja nicht so gern wie wir, vom Naschen gar nicht zu reden!). Wichtig ist, dass ich mir ausreichend Zeit und Ruhe dafür nehme und darauf schaue, dass diese gemeinschaftlich verbrachte Zeit möglichst jede Woche stattfindet. Ein gemeinsamer DVD- oder Kinoabend ist freilich auch geeignet, um Zeit miteinander zu verbringen – natürlich mit anschließender Filmanalyse …

Wichtig ist auch, sich dabei außerhalb der gewohnten Umgebung aufzuhalten, da wir beide dann gelöster und entspannter sind. Es gibt nahezu unendlich viele Möglichkeiten.

Um mein Kind wirklich verstehen zu können, sollte ich mein inneres Kind wieder spüren, das meistens »ruhiggestellt« ist (schließlich bin ich ja erwachsen und habe dementsprechend viel Arbeit!). Da bleiben Lachen und Spielen natürlich auf der Strecke. Das nachstehende Ritual kann ich für mich und für mein Kind oder auch gemeinsam machen, wenn es schon ein bisschen älter ist.

Inneres-Kind-Ritual

Ich brauche für dieses Ritual ein Kinderbuch (von mir oder von meinem Kind, oder ich besorge ein neues), das mir gefällt und mich auf der Gefühlsebene erreicht. Es kann auch eins sein, mit dem ich viele Kindheitserinnerungen verbinde.

Ich ersuche alle passenden Engel um Hilfe und Unterstützung, nehme das Buch zur Hand, schließe die Augen und schlage es auf einer beliebigen Seite auf. Ich schaue auf die Seite, die vor mir liegt, und merke mir das Wort oder Bild, das ich als Erstes sehe, schließe wieder meine Augen und konzentriere mich auf mein inneres Kind.

Was will es mir mit diesem Wort, diesem Bild sagen? – Ich entspanne mich, lasse mir Zeit und fühle in mich hinein.

Es dauert nicht lange, und ich spüre oder sehe klar, was mir mein inneres Kind vermitteln will. Ich nehme mir vor, das zu berücksichtigen und in der nächsten Zeit in meinen Alltag zu integrieren.

Ich bedanke mich bei meinen Engeln und beende das Ritual, indem ich mir noch vorstelle, dass ich mein inneres Kind an der Hand nehme und mit ihm in der Natur laufe, springe, spiele, lache ... (Ich übe meine Vorstellungskraft und visualisiere nach Herzenslust. Ich werde die Gefühle in meinen Alltag mitnehmen, und es wird mir so richtig gut gehen!)

Natürlich kann ich dieses Ritual auch gemeinsam mit meinem Kind machen – mit einem Buch seiner Wahl: Wir schlagen eine Seite auf, merken uns das Bild oder Wort und fahren wie oben beschrieben fort.

Wenn Sie ein bisschen Zeit haben, mit Ihrem Kind (bis etwa acht Jahre) an einem schönen Tag draußen zu spielen, dann könnten Sie es gleich damit verbinden, ein energetisch sehr starkes Ritual zu machen, nämlich das Vier-Elemente-Ritual.

Vier-Elemente-Ritual

Ich brauche für dieses Ritual einen kleinen Kübel oder Eimer mit Erde, eine kleine Gießkanne oder ein anderes Gefäß mit Wasser, eine Kerze und Streichhölzer oder ein Feuerzeug und, wenn möglich, ein kleines Windrad (das muss aber nicht sein).

Ich setze mich mit meinem Kind in die Sandkiste am Spielplatz oder auf eine Wiese, in den Garten, wo wir uns eben gerade wohlfühlen. Ich bitte alle Elementeengel um Hilfe und Unterstützung bei diesem Ritual, nehme etwas Erde aus dem Kübel und lasse sie durch meine Finger rieseln. Ebenso macht dies mein Kind (wenn es das will). Dabei bedanke ich mich beim Erzengel Uriel für die Erde, auf der wir leben dürfen.

Dann nehme ich das Wassergefäß und lasse etwas Wasser

in die Erde rinnen. Dasselbe macht mein Kind (wenn es möchte). Und ich bedanke mich beim Erzengel Gabriel dafür, dass wir ausreichend und gutes Wasser haben.

Ich nehme die Kerze, stecke sie in die Erde, und mein Kind oder ich zünden sie an. Ich bedanke mich beim Erzengel Michael für das Feuer, die Wärme, das Licht und alles, was uns in dieser Beziehung zur Verfügung steht.

Ich puste in das Windrad, sodass es sich bewegt, oder ich blase die Kerze aus (falls kein Windrad da ist). Wenn es ganz optimal ist, geht sogar ein wenig Wind, der die Kerze ausbläst. Ich bedanke mich beim Erzengel Raphael für die gute Luft, die uns umgibt und die wir täglich einatmen dürfen.

Dann spiele ich noch so lange mit meinem Kind, wie es uns beiden Spaß macht.

Freundinnen und Lehrerinnen: Begleitung auf dem Weg

Mutter und Großmutter werden sicherlich nicht immer als Freundin(nen) empfunden. Oft sind die Beziehungen unter den Frauen verschiedener Generationen mehr als belastet – und doch sind unsere weiblichen Vorfahren sehr stark mit uns verbunden, und gleich, ob sie noch leben oder nicht, haben wir viel von ihnen mitbekommen und übernommen. Wir leben teilweise ihre Muster, Erfahrungen, Themen in unserem Leben auf unsere Art weiter. Egal, wie ich zu meinen weiblichen Vorfahren stehe: Ich habe ihnen auf jeden Fall sehr viel zu verdanken. Und wenn ich Belastungen, negative Gefühle oder Misstöne für mich auflösen will, dann hilft mir dabei das Ahnenritual.

Ich tanze ins Reich der Schatten und spreche
die Worte der Macht.
Ich rufe die uralte Mutter, die Tödin, die Göttin
der Nacht.
Ich reise auf schwarzen Schwingen zur Ahnin
in magische Zeit
und finde mein Blut, meine Spucke, seh in
die Zukunft so weit.
Fragmente web ich und flicke, spiele mit
Knochen am Strand,
Fragmente verstreu ich und schicke Zeichen in
buntem Gewand.

Cambra Maria Skadé

Ahnenritual

Ich ersuche alle Familienengel um Hilfe und Unterstützung und nehme ein Foto meiner Mutter oder meiner Großmutter oder von beiden. Ich lege es (sie) vor mich hin und zünde eine Kerze an. Ich sehe mir das (die) Foto(s) einige Minuten lang an.

Ich schließe die Augen und sehe mich vor meinem geistigen Auge auf einem wunderschönen Platz in der Natur stehen. Hinter mir steht meine Mutter – sie hat ihre Hand auf meine rechte Schulter gelegt. Hinter ihr steht meine Großmutter, auch sie hat die Hand auf der rechten Schulter meiner

Mutter liegen. Hinter meiner Großmutter sehe ich den Schatten meiner Urgroßmutter mit der Hand auf der rechten Schulter meiner Großmutter ... Die Reihe der Ahnfrauen setzt sich fort; ich sehe eine endlose Reihe von Schatten und spüre eine unglaubliche Kraft.

Ich fühle mich in dieser Energie sehr wohl, sehr gut aufgehoben, gestärkt und beschützt – und ich genieße dieses Gefühl der Einheit. Ein weißes Licht der Liebe umflutet uns und hüllt uns ein. Es ist einfach wunderbar.

Nach und nach entfernen sich die Ahninnen mit meiner Mutter und meiner Großmutter.

Ich bedanke mich bei allen weiblichen Vorfahren von Herzen für alles, was sie mir an Hilfe und Unterstützung zukommen ließen und noch immer lassen, und beende das Ritual, indem ich die Kerze vor dem/den Foto(s) ausbrennen lasse.

Was würde ich wohl ohne meine beste Freundin machen? Ohne meine Schwester oder Cousine, meine Mutter oder die Frau, die mich schon seit der Volksschulzeit treu begleitet? Wem würde ich alles erzählen, wo würde ich aufgefangen werden in liebevollem Verständnis und verlässlicher Solidarität? Wenn ich diese wertvolle Freundschaft noch vertiefen, ein Zeichen setzen möchte, dann mache ich das Freundinnenritual.

Freundinnenritual

Ich ersuche alle Freundschaftsengel um Hilfe und Unterstützung, nehme ein schönes Briefpapier und verfasse einen Brief an meine Freundin.

Am ersten Tag schreibe ich alles auf, wofür ich ihr Danke sage. Am zweiten Tag schreibe ich alle guten Wünsche für sie dazu. Am dritten Tag schreibe ich auf, was ich noch alles mit ihr unternehmen möchte.

Dann stecke ich den Brief in ein Kuvert und lasse Licht und Liebe darüberfließen. Dabei spüre ich unsere positive Verbindung sowie die starke Basis, die wir haben, und ich lasse auch alle diese Gefühle in den Brief einfließen.

Auf den Umschlag zeichne ich noch ein Symbol (etwas Persönliches oder Typisches für diese Freundschaft, es kann auch etwas Lustiges sein), dann bedanke ich mich bei allen Engeln für ihre liebevolle Hilfe und Unterstützung und beende das Ritual damit, dass ich mich mit meiner Freundin treffe und ihr mein Geschenk überreiche.

Klingt das jetzt schon zu banal? Für manch einen vielleicht. Aber dennoch wird dieses Ritual mehr bewirken, als wenn Sie Ihrer Freundin etwas Teures kaufen oder sie zu einem feudalen Essen einladen (wobei gegen beides ja auch nichts einzuwenden wäre). Denn immerhin nehmen Sie sich drei Tage Zeit, um ihr alles zu sagen, was für Sie positiv ist an Ihrer Freundschaft. Sie befassen sich über diese Zeit hinweg voll und ganz damit, und dadurch wird Ihnen auch selbst sehr viel bewusst. Also bewegt dieses Ritual allein schon durch die geistige Verbindung unglaublich viel auf der Seelenebene (denn Ihre Freundin wird das energetisch natürlich auch auf irgendeine Weise mitempfinden). Es ist wirklich einen Versuch wert!

Auf der anderen Seite gibt es natürlich auch Menschen, die einmal unsere Freunde waren, sich aber nach und nach als absolut gar nicht positiv herausgestellt haben. Im Gegenteil: Manche »Freundin« entpuppt sich im Nachhinein als regelrechte »Schlange«. Das heißt, wir fühlen uns von ihr geschwächt, ausgenutzt, permanent manipuliert, niedergemacht, und aufrichtig ist dieser Mensch auch nicht zu uns.

Was tun wir, wenn wir jemanden nur noch als negativ empfinden und die Freundschaft eigentlich beendet ist, die oder der Betreffende dies aber nicht wahrhaben oder akzeptieren will? Was fangen wir an mit all den Verletzungen und Enttäuschungen, die diese Beziehung bei uns hinterlassen hat? Falls ich aktiv etwas tun will, dann hilft mir ein spezielles Ritual, das ich Ihnen jetzt vorstelle.

Freundschaftskündigungsritual

Ich ersuche alle Trennungsengel um Hilfe und Unterstützung, zünde eine Kerze an und nehme mir Papier und Stift. Ich schreibe einen Brief, etwa so: »Liebe ... (Name), hiermit kündige ich unsere Freundschaft. Ich löse mich seelisch, geistig und körperlich von ... (Name). ... (Name) hat nun keine Kraft und Macht mehr über mich. Ich beende jegliche Verbindung mit ... (Name) über diesen Weg.«

Diesen Brief schreibe ich täglich über fünf Tage hinweg; die fünf Briefe bewahre ich über diese Zeit in einer Dose auf. Am sechsten Tag verbrenne ich die Briefe und zerstreue die

Asche im Wind, dann vergrabe ich ein Geschenk der betreffenden Person und bedanke mich bei meinen Engeln, die mich unterstützt haben.

Wie jetzt – ist das denn kein Widerspruch: mit Engelenergie arbeiten und jemandem die Freundschaft kündigen …? Nun, wenn ich dieses Ritual durchführe, heißt das ja nicht, dass ich diesem Menschen etwas Schlechtes wünsche oder ihn hasse. Ich bin mir selbst etwas wert, ich habe so viel Eigenliebe, dass ich mich von jemandem trenne, der mir schadet, der mir nicht guttut. Ich werde mich natürlich ebenso bemühen, diese Person in Liebe gehen zu lassen und ihr alles erdenklich Gute zu wünschen. Auch werde ich daran arbeiten, meine Verletzungen aufzulösen. Und schließlich: Ich bin diesem Menschen ja begegnet, um etwas zu lernen und mich weiterzuentwickeln. Das sollten wir auch nicht vergessen und dem oder der Betreffenden deshalb auf längere Sicht hin sogar dankbar sein.

7. Engelrituale für Kinder

Kinder sind im Regelfall sensibler und spüren genau, was ihnen hilft. Außerdem haben sie noch eine direkte Verbindung zum jeweiligen Schutzengel, aber wie gesagt auch zu den Naturgeistern – meistens etwa bis zum sechsten Lebensjahr. Kinder können sich mit ihnen unterhalten, spielen und immer wieder den Kontakt zu ihnen aufnehmen. Unterbrechen Sie das Kind bitte nicht, wenn es scheinbar abwesend ist und in den Tag hineinträumt. Das sind die Augenblicke, die es in Gesellschaft seiner Begleiter aus dem geistigen Bereich erleben will und darf. Diese Augenblicke empfindet es als viel längere Zeiträume.

Nehmen Sie Ihr Kind ernst, wenn es Ihnen von seinem Schutzengel oder anderen feinstofflichen Freunden erzählt, die Sie nicht (mehr) sehen können. Es ist fast immer absolute Realität und kein Fantasiegebilde. Deshalb sollten Sie offen und mit echtem Interesse darauf reagieren. Sonst wird Ihr Kind aufhören, Ihnen davon zu berichten, und sich zurückziehen. Wenn wir die Beobachtungen, Erlebnisse und Aussagen unserer Kinder als wahr und real nehmen, wird es uns diese miterleben lassen, und wir können Anteil daran nehmen, wovon wir selbst dann ja auch sehr profitieren! Wir werden so immer wieder sehr viel von unseren Kindern lernen.

Ihr Kind spürt genau, ob es die nachstehenden Rituale auch braucht, und öffnet sich bestimmt dafür, wenn sie in spielerischer Form gemacht werden. Aber bitte zwingen Sie es nicht dazu – es wird vielleicht zu einem späteren Zeitpunkt dafür bereit sein.

Die folgenden Rituale können wir auch für unser inneres Kind machen, das wir damit wieder aktivieren, bewusst spüren und wahrnehmen können. Ich spreche hier aus eigener Erfahrung, wenn ich sage, dass dadurch wieder mehr Leben und Spaß in unseren straffen Alltag kommen.

Wieder richtig durchatmen können

Wenn Ihr Kind keine Luft bekommt, viel Stress im Kindergarten oder in der Schule hat oder aus einem anderen Grund unter Druck steht, dann hilft das Luftritual, das Sie gemeinsam mit dem Kind oder allein für das innere Kind durchführen können.

Luftritual

Wir gehen in die Natur oder in den Garten und suchen uns einen geeigneten »Wohlfühl- oder Kraftplatz« aus. Dann bitten wir alle Engel, die wir brauchen, um Hilfe und Unterstützung sowie um das Gelingen des Rituals.

Wir stellen uns vor, dass alles Belastende und Negative vom Kopf abwärts den Körper verlässt. Dabei atmen wir tief ein und stoßen den Atem stark und lange aus dem geöffneten Mund aus (wir machen ein Spiel daraus!), und zwar immer wieder, bis wir das Gefühl haben, dass wir innerlich ganz hell und positiv sind und so richtig viel Luft bekommen.

Wir fühlen uns befreit von allem, was eng war.

Wir bedanken uns bei den Engeln und beenden das Ritual, indem wir uns an der Hand nehmen und ein wenig gemeinsam laufen oder hüpfen. An zwei aufeinanderfolgenden Tagen wiederholen wir das Ritual, damit sich wirklich alles auflöst.

Schmerzen und Lasten lösen

Was mache ich, wenn mein Kind krank ist, Schmerzen hat oder unter Ängsten leidet (außer natürlich, das auch *medizinisch abklären* zu lassen!)?

Das nächste Ritual war mein »Erstmittel für den Notfall«, das ich bei meiner Tochter immer wieder aktiv angewandt habe. Natürlich war sie auch sehr offen dafür und hat es meist schon selbst eingefordert, wenn es ihr aus irgendeinem Grund nicht gut ging. Dementsprechend war auch der Erfolg. Hier ist das Hand-Salz-Ritual.

Hand-Salz-Ritual

Ich richte eine Schüssel mit Wasser her, in der ich eine Handvoll Salz auflöse. Ich bitte alle Engel, die ich für dieses Ritual brauche, um Hilfe und Unterstützung. Dann lege ich eine Hand auf die Stirn und die andere Hand auf den Solarplexus (eine Handbreit über dem Nabel) meines Kindes.

Die Hand auf der Stirn bleibt ruhig, die Hand am Solarplexus macht sanfte, kreisende Bewegungen (gleich, ob nach rechts oder links). Dabei stelle ich mir vor, dass sich sämtliche Ängste, Schmerzen, Krankheiten – alle Einschränkungen und Probleme – unter der Hand sammeln. Ich visualisiere als ein starkes Bild vor meinem geistigen Auge, dass sich alles Negative löst, und werfe es in die Schüssel mit dem Wasser.

Das mache ich fünf- bis zehnmal. Dabei darf ich natürlich auch ein Gebet sprechen oder mich mit meinem und dem Schutzengel meines Kindes verbinden.

Ich bedanke mich bei allen Engeln für die Hilfe und die Unterstützung und beende das Ritual, indem ich mein Kind in die Arme nehme und es liebevoll halte.

Wenn ein entsprechender sehr akuter Fall gegeben ist, kann ich dieses Ritual sogar stündlich anwenden, sonst ein- bis dreimal am Tag, bis sich die Belastung vollkommen gelöst hat.

~

Einstieg in die bewusste Ernährung

Naschen Sie auch so gern wie ich? Und Ihr(e) Kind(er)? Ja, hab ich mir's doch gedacht! Da ist es nicht ganz so einfach, selbst mit gutem Beispiel voranzugehen, oder? Das Rauchen konnte ich mir schon vor sehr langer Zeit abgewöhnen, das Fleisch auch, beim Fisch bin ich gerade dabei – aber das Naschen …!

Wenn es sich im »normalen« Rahmen bewegt, geht es ja

noch, aber was, wenn das Naschen in eine Sucht ausartet? Anzeichen dafür sind die folgenden Auffälligkeiten: Die Süßigkeiten werden versteckt, es wird heimlich »hineingestopft«, oder mein Kind will nur noch Speisen essen, die süß schmecken. Der erste Schritt wäre, dass ich schaue, warum mein Kind in die Naschsucht geht: Was steckt denn dahinter? Was gleicht mein Kind damit aus? Was deckt es zu? Wo holt es sich die »Süße des Lebens«? Und in welchem Bereich fehlt diese?

Das sind natürlich Fragen, die individuell beantwortet werden müssen. Wenn dies geklärt ist, dann habe ich trotzdem noch eine (nicht zu unterschätzende) Hilfe für Sie, nämlich das Naschen-einschränken-Ritual.

Naschen-einschränken-Ritual

Wir – mein Kind und ich – bitten alle Engel, die wir für dieses Ritual brauchen, uns dabei zu unterstützen. Wir zünden eine Kerze an und vergraben ein Stück Kuchen, Keks oder Schokolade (auf jeden Fall etwas, was uns sehr gut schmeckt) im Garten – oder stecken es in einen Topf mit Erde. Wir bedecken das süße Stück ganz mit Erde. Dann setzen wir eine kleine Knolle über die vergrabene Süßigkeit oder streuen Pflanzensamen auf die Erde im Topf.

Nun ersuchen wir den Erzengel Michael, unsere Verbindung zur Naschsucht mit seinem Schwert durchzutrennen und alles Unmäßige aufzulösen, und wir stellen uns vor, dass wir völlig frei sind von dieser Abhängigkeit – dass wir uns wohlfühlen in unserem Körper, der sehr glücklich darüber ist, von dieser Last befreit worden zu sein.

Wir bedanken uns beim Erzengel Michael und allen anderen Engeln und beenden das Ritual an diesem Tag, indem wir die Kerze löschen.

Dann gießen und pflegen wir das Stückchen Erde im Garten beziehungsweise den Blumentopf und bemühen uns ehrlich, das Naschen vorerst einmal sehr einzuschränken und Schritt für Schritt nach einem »normaleren« Maß zu leben.

Wenn die Knolle treibt beziehungsweise der Same aufgeht, können wir zuversichtlich sein, es ohne Probleme zu schaffen, dass aus dem Naschen keine Sucht entsteht!

Dank

Von ganzem Herzen ein großes Dankeschön an Max, meinen persönlichen Schutzengel, und an alle anderen Engel, die mich laufend und immer in ihre Liebe einhüllen, mich schützen, tragen und begleiten.

Meine Seelenfamilie, die mich aus dem geistigen Bereich her unterstützt.

Meine »Urfamilie« (Papa, Mutti, Re und No), mein Schutz und Halt in diesem Leben.

Meinen lieben »Lebensmenschen« und besten Freund Hans.

Meinen wunderbaren Buchmentor Wulfing von Rohr, der dieses Buch möglich machte.

Eveline, meine treue Freundin und Engellicht-Partnerin, auf die ich mich immer verlassen kann.

Alle ehrlichen und positiven Wegbegleiter an meiner Seite: alle nährenden Männer und alle starken Frauen, die mich mit viel positiver Energie unterstützen und immer wieder zu Neuem inspirieren.

Amor, Luna und Tom – meine drei Katzen – für ihre bedingungslose Liebe.

Anhang

Literatur

Cooper, Diana: *Der Engelratgeber,* Ansata, München 2000

Dooley, Mike: *Grüße vom Universum,* Knaur, München 2008

Gotteslob: *Marienlieder,* Katholische Bibelanstalt, Stuttgart 1975

Grün, Anselm: *Engel und himmlische Helfer,* Herder, Freiburg 2007

Haas, Jana: *Engelkarten,* Allegria, Berlin 2008

Pinkola Estés, Clarissa: *Die Wolfsfrau,* Heyne, München 1995

Skadé, Cambra Maria: *Töchter der Mondin,* Arun, Uhlstädt-Kirchhasel 2008

Recheis, Käthe, und Georg Bydlinski: *Weisheit der Indianer,* Orbis, München 1995

Stecher, Christine: *Mein kleines Engelbuch,* Goldmann, München 2004

Rohr, Wulfing von: *Engel – Boten des Himmels, Boten der Seele,* Lüchow, Stuttgart 2006

Register der Rituale, Übungen und Gebete

Zu den Autoren

Jutta Fuezi

Die Autorin ist eine bodenständige Engelbotschafterin, die ihren Lebensunterhalt in einem »bürgerlichen Beruf« bei einer Sozialversicherung verdient. Sie hat mit einer Freundin das kleine Seminarzentrum »Engellicht« in Eisenstadt südlich von Wien gegründet und bietet Kurse, Beratungen und Engel-Reiki-Einweihungen an.

Jutta Fuezi hat mehrere grundlegende Engelbücher geschrieben, nach der Gründung des *ENGELmagazins* zwei Jahre lang Beiträge geschrieben und war eine Hauptreferentin bei den Engeltagen in Wien und Nürnberg. Sie ist Mutter einer erwachsenen Tochter und lebt im Burgenland.

Webseite: www.engellicht.at
E-Mail: jutta@engellicht.at
Telefon : +43-(0)6 64-9 38 48 13

Wulfing von Rohr

Er ist Kulturforscher, Esoterikexperte, Autor und Koautor zahlreicher Bücher, Seminarleiter, Organisator von Konferenzen und war Gründungschefredakteur des *ENGELmagazins*. Derzeit lebt er in Rust am Neusiedler See, südlich von Wien.

Wulfing von Rohr ist Träger des *Inspire Consciousness Award 2010*, einer internationalen Auszeichnung für Bewusstseinspioniere und sowohl Mitbegründer als auch Ehrenmitglied der Großmainer Marienbruderschaft. Er organisiert und leitet verschiedene mystische Reisen zu Kraftorten auf Malta, in Frankreich, Ägypten und anderen Ländern.

Webseite: www.wulfingvonrohr.info
E-Mail: wulfing@gmx.at